픽미쌤의 초등 미술 활동

픽미쌤의 초등 미술 활동

픽미쌤(조민희) 지음

netmaru

안녕하세요? 미술 찍어주는 선생님, 픽미쌤(PICK美SSEM) 조민희입니다.

저는 교실 수업에서 활용할 때 쉽고 재미가 있으며, 부담이 없고 의미 있는 미술 콘텐츠를 개발하고 공유해왔습니다. 그동안 제가 개발한 미술 콘텐츠를 일 년 열두 달 학급 경영의 흐름에 맞춰 재구성하여 이 책에 담아 보았습니다. 새 학기가 시작되는 3월부터 학년이 마무리되는 2월까지의 활동을 함께 하며, 학생들의 삶과 교육이 연결되는 학급 운영을 해보면 어떨까요?

이 책을 쓰면서 가장 염두에 둔 점은 미술 교육 영상과 도안 콘텐츠를 활용하되, 쉽고 의미 있는 미술 수업을 꾸려나가길 원하는 선생님들께 도움이 되고 싶다는 것이었습니다.

콘텐츠를 미술 수업에 활용하고자 할 때는 이 점만 꼭 기억해 주세요. 단순한 색칠하기나 의미 없는 시간 보내기 활동이 되지 않으려면 성취기준을 고려한 학습 목표를 설정하는 것이 무엇보다 중요하다는 것입니다. 선택한 활동을 통해 학생들이 어떤 성취기준에 도달할 수 있게 할 것인가 먼저 고민해보아야 합니다.

사인펜, 색연필, 마카, 파스텔, 물감, 매직 등 다양한 채색 도구의 특징과 그 기법을 익히는 것, 이미지를 이해하고 해석하여 작품에 표현하는 능력, 디자인을 구상하고 표현하는 능력, 자르고 접는 기초적인 조작 능력, 조형 요소나 조형 원리를 이해하고 작품에 활용하기, 다양한 방법을 활용한 작품 감상 활동, 교실 환경 꾸미기를 통한 전시회 기획 및 간접 체험 활동, 협동 작품을 통한 공동체적 미술 활동, 미적 체험을 통해 찾은 감각적 특징 등을 작품으로 표현하는 활동, 타 교과와의 연계 활동, 디지털 매체를 활용한 활동, 친구들과 소통할 수 있는 활동 등을 목표로 할 수 있습니다. 각각의 활동별 목표를 정하고, 그 부분을 중점적으로 지도해 보세요.

또한 학급의 아이들이 더 어려워하는 부분이 있을 수 있습니다. 예를 들어 반 학생들이 색칠을 꼼꼼하게 하는 부분이 부족하다고 느끼신다면 선택한 미술 활동을 진행할 때 꼼꼼하게 색칠하는 부분에 특히 중점을 두고 지도하면 됩니다. 선생님의 매 차시 지도 목표에 따라 학생들의 미술 실력이 차근차근 성장해가는 일 년이 될 것입니다.

이 책을 통해 교사와 학생 모두 쉽게 접근할 수 있는 미술 활동으로 즐겁고 따뜻한 학급 운영을 할 수 있기를 바랍니다.
　끝으로 이 책이 세상에 나오기까지 곁에서 지지하고 응원을 아끼지 않은 사랑하는 가족들을 비롯하여 픽미쌤을 아껴주시고 사랑해 주신 모든 분께 감사의 인사를 전합니다. 또한 제가 개발한 다양한 활동이 하나의 흐름으로 묶일 수 있도록, 직무연수 촬영부터 도서 출판까지 함께해 주신 넷마루에도 깊은 감사를 전하며 글을 마칩니다.

픽미쌤 조민희

활동을 시작하기 전에

　일반 교과목에서도 학생들의 효과적인 성취기준 도달을 위해 여러 학습 콘텐츠들을 적절하게 사용하여 수업을 구성합니다. 미술 수업에서도 다양한 활동 콘텐츠들을 학생 수준에 따라 적절하게 활용하신다면, 훨씬 쉽고 효과적으로 미술 수업을 지도할 수 있습니다. 다양한 활동 콘텐츠 중 어떤 활동을 선택해야 할지 고민이 된다면 다음의 5가지를 고려해 주세요.

　첫 번째로 고려해 볼 점은 성취기준입니다. 학년 군별로 제시된 성취기준을 확인하고 도달해야 하는 성취기준에 적합한 활동을 준비하는 것입니다. 이때, 성취기준만으로 주제를 정하기가 모호하다면, 미술 교과서의 구체적인 활동을 살펴보면 도움이 될 것입니다.

　두 번째로 시기별 적정성입니다. 미술 교과에서 학생들은 주변 대상과 현상을 지각하고 반응하면서 미적 감각과 풍부한 감성을 기를 수 있습니다. 따라서 미술 활동을 준비하는 시기의 계절, 절기, 계기 교육 등의 주제를 고려하여 활동을 선정할 수 있습니다.

　세 번째로 활동 주체의 범위입니다. 학생 개인이 활동의 주체가 되거나 짝 또는 모둠원과 함께 활동의 주체가 될 수도 있고, 반 전체가 함께하는 활동의 주체가 될 수도 있습니다. 삶의 주체로서 자신의 정체성을 형성해 나갈 수 있는 개인 활동 또는 타인과의 교류를 통해 시각적인 의사소통 능력을 기르고 공동체의 발전에 참여하는 협력 활동 중 적합한 활동 주제를 선택할 수 있습니다.

　네 번째로 타 교과와의 통합 여부입니다. 미술 활동의 주제를 타 교과와 융합하여 좀 더 흥미롭게 표현해 볼 수 있습니다. 따라서 학년 교육과정을 탐색하여 교과 간 통합이 가능한 주제가 있다면 미술 시간과 연계하여 활동을 진행하면 좋습니다.

　마지막으로 활용 매체입니다. 직접적인 경험을 통한 활동으로 진행할지, 디지털 매체를 활용하여 진행할지를 고려합니다. 디지털 매체를 활용한다면 미리 고민하고 탐색하여 적합한 매체를 선택할 수 있습니다.

　활동 주제를 정한 후 미술 영상 콘텐츠를 본격적으로 수업에 활용할 경우, 학습자들이 더 효과적으로 성취기준에 도달할 수 있는 방법을 알아보겠습니다.

　미술 교과는 일반 교과와 달리 표현 활동 부분이 차지하는 비중이 높습니다. 그리고 표현 활동 과정에서 다양한 미술 재료나 용구들을 활용하고 다루는 방법, 여러 가지 채색 기법, 종이를 접고 자르고 만드는 과정 등의 섬세한 지도가 요구됩니다. 이 부분은 사진 자료만으로 설명하고 보여주는 데 한계가 있습니다. 실물화상기로 보여주며 지도하는 방법도 있지만,

계속 반복해서 보여줘야 하고, 한 장소에 묶여 있어야 한다는 단점이 있습니다.

이런 경우, 활동 과정을 영상으로 담은 콘텐츠가 도움이 될 수 있습니다. 정지 동작만으로 한계가 있었던 부분이 영상을 통해 연속된 동작으로 이어져 보이니, 학생들은 훨씬 쉽게 이해하고 교사 역시 설명하기가 수월합니다. 이는 마치 교사가 일대일로 한 명 한 명에게 눈앞에서 직접 시연을 보여주며 설명하는 효과와 비슷합니다.

또한 학생들이 활동에 집중하는 시간 동안 영상 콘텐츠를 반복하며 재생시켜두면, 교사의 설명을 미처 듣지 못했거나 이해가 더딘 학생들도 과정 중간에 영상을 확인하며 활동을 진행해 나갈 수 있습니다. 학생들은 자기 주도적으로 활동을 진척시켜 나갈 수 있고, 교사는 특별히 더 도움이 필요한 학생들을 찾아 개별 지도할 수 있는 여유가 생깁니다.

구체적인 수업의 과정을 살펴보겠습니다. 먼저 도입 단계에서 학습 주제를 제시하고, 영상 콘텐츠를 보여주며 활동 방법을 안내합니다. 이때 좀 더 주의를 기울여서 표현해야 하는 부분과 중점적으로 다루어야 하는 부분은 영상을 멈추고 자세히 설명합니다. 교사의 설명이 끝난 후, 활동 자료를 배부하고 개별 표현 활동을 시작하도록 합니다.

학생들의 활동이 진행되는 동안은 영상을 반복 재생하여 학생별 개인차에 따른 맞춤 활동이 이루어지게 합니다. 교사는 특히 도움이 필요한 학생들 위주로 맞춤형 피드백을 제공합니다.

정리 시간에는 완성된 학생들의 작품을 칠판에 게시하여 활동이 일찍 끝난 친구들끼리 서로의 작품을 감상하는 시간을 갖게 합니다. 또 활동이 빨리 끝난 학생은 더딘 친구에게 도움을 주거나 작품 게시를 도울 수 있습니다.

활동 시간이 부족한 학생은 영상 콘텐츠 링크를 제공하여 개인적으로 마무리할 수 있도록 안내하는 것도 방법입니다.

수많은 미술 콘텐츠 중 우리 학급의 상황과 성취기준에 적합한 활동을 선택하여 적절하게 활용한다면 미술 수업의 부담에서 조금은 자유로워질 것입니다. 선생님이 먼저 수업에 대한 즐거움과 자신감이 있어야 학생들도 즐거운 활동 시간을 보낼 수 있겠지요?

이 책에 실린 활동이 선생님의 미술 수업에 작은 자신감을 드릴 수 있기를 바랍니다.

*각 활동별로 제시된 QR코드를 찍어 활동지를 다운로드 받으실 수 있습니다.

차례

Part 1 두근두근 설레는 봄 교실

3월 | 새 학기 맞이 자기소개

자기소개 캡슐 머신　15　　새 학기 책상 이름표　20　　자기소개 가랜드　25

4월 | 봄 풍경과 꽃 관찰하기

꽃다발 액자　33　　봄꽃 리스　39　　왕 벚꽃 나무　43

5월 | 감사와 사랑 전하기

볼륨 꽃바구니　49　　카네이션 트로피　58　　어린이날 토퍼　66

Part 2 초록으로 물드는 여름 교실

6월 | 호국보훈 나라 사랑 이야기

무궁화 2단 리스　　　73

나라 사랑 모빌　　　83

호국보훈 대문책　　　87

7월 | 여름 이미지 떠올리기

여름 글씨 디자인　　　93

수박 모빌　　　100

바다 터널　　　105

8월 | 장마와 여름 방학 즐기기

장마철 장화　　　113

사슴벌레 꾸미기　　　121

이야기 가게　　　126

Part 3 사랑이 무르익는 가을 교실

9월 | 풍성한 한가위, 추석과 독서하기

추석 선물 세트   135

다과상   144

가을 독서 편지   149

10월 | 한글 사랑, 독도 사랑

한글 나무   153

한글 리스   158

독도 모빌   162

11월 | 알록달록 가을의 색 즐기기

나뭇잎 요정   167

가을 걸이   176

낙엽 일러스트 가랜드   181

Part 4 함께 있어 따뜻한 겨울 교실

12월 | 크리스마스와 겨울 즐기기

트리 오일 파스텔화　187

스노우 램프　198

겨울 원통 모빌　205

1월 | 한 해를 돌아보는 추억 되새기기

행복 구슬　211

한복 동물 인형　216

겨울 추억 리스　223

2월 | 새해 맞이와 졸업

나에게 건네는 트로피　229

떡국 카드　234

졸업 및 종업 모빌　242

Part 5 미술 활동으로 특별한 수업 만들기

협동 작품으로 우정이 생솟는 교실 만들기　248
디지털드로잉으로 에듀테크 수업하기　262
질문이 있는 감상수업하기　284

Part 1
두근두근 설레는 봄 교실

3월
새 학기 맞이 자기소개

3월은 새 학년이 되어
새로운 선생님, 새로운 친구들, 새로운 교실 등
첫 만남이 시작되는 달입니다.
선생님도 학생들도 두근거리는 마음으로
첫 시작을 맞이하는 설레는 달입니다.

활동 1 자기소개 캡슐 머신

준비물

채색 도구 사인펜, 마카, 매직, 색연필, 흰색 젤 펜 등	**활동지** 120~160g 두께의 A4 용지에 인쇄	**가위, 풀**	**연필, 지우개**	**검정 네임펜**

투명 반구
지름 19~20cm

투명 테이프

첫 만남의 어색함을 풀어주고 선생님과 친구들에게 나를 알릴 수 있는 자기소개 캡슐 머신 만들기 활동을 준비했습니다. 활동에 앞서 자신에 대해 탐색해보는 시간이 필요합니다. 참고 작품들을 살펴보면서 어떻게 나를 표현하고 소개할지 구상하는 시간을 꼭 가진 후에 본 활동을 시작할 수 있도록 합니다. 또는 새 학기 활동으로 친구들에게 자신을 소개하는 놀이나 관련된 다른 활동과 연계하여 진행해도 좋습니다.

이 활동을 지도할 때 세울 수 있는 목표는 '자신을 탐색하기' 또는 '완성된 작품을 통해 친구들에게 자신을 소개하며 서로 소통하기' 등이 될 수 있습니다. 활동 중에는 선생님이 세운 목표에 부합하는 과정을 특히 세심하게 지도해 주세요.

이 활동지는 수준별로 나뉘어있습니다. 친구들에게 나의 무엇을 소개하고 싶은지 주도적으로 계획해서 표현하는 활동지뿐만 아니라 표현 주제에 적합한 예시가 제시된 활동지도 있습니다. 학생 개인차 및 학년 수준에 따라 활동지를 맞춤 부여할 수 있습니다. 따라서 학생에게 주도성을 얼마나 부여할 것인지, 완성작을 입체 혹은 평면으로 할 것인지에 대한 사전 지도 계획을 수립한 뒤 활동을 진행합니다.

활동 순서

1 자신의 모습 탐색하기

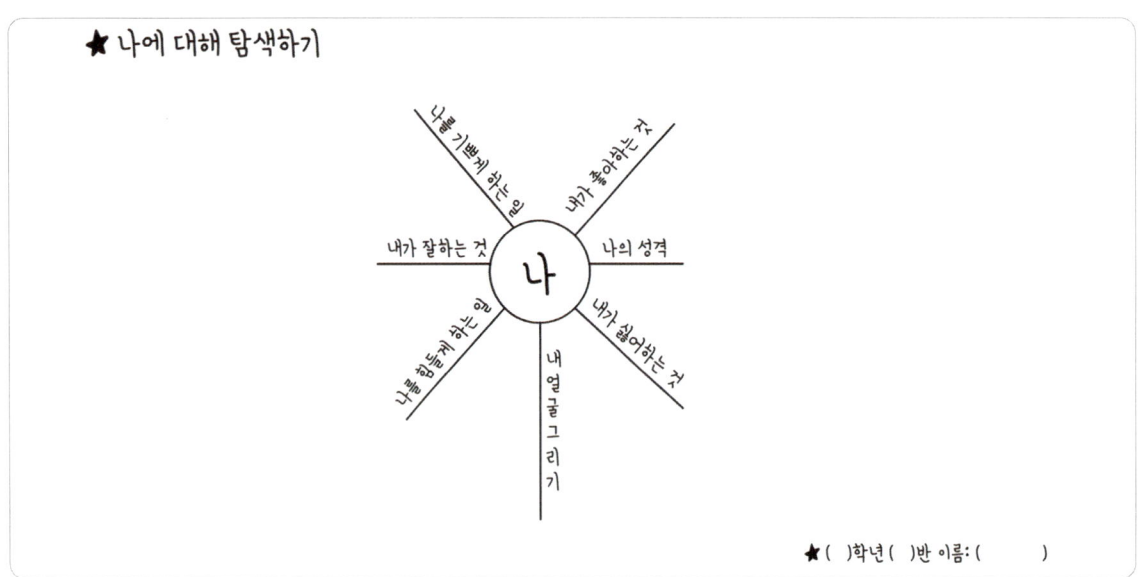

작품을 만들기 전 학생들이 자신에 대해 탐색하는 시간을 가져볼 수 있도록 합니다. 빈 종이나 연습장 또는 준비된 활동지 등을 꺼내 친구들에게 소개하고 싶은 자신의 모습을 자유롭게 적거나 간단한 그림으로 나타냅니다.

② 활동지 꾸미고 내용 채우기

활동지를 준비합니다. 활동지는 배경 도안과 캡슐 도안이 있습니다. 개인차를 고려하여 활동지를 미리 준비해두거나, 학생들의 희망에 따라 본 수업 시간에 인쇄하여 나눠줄 수도 있습니다.

먼저, 배경 도안에 이름을 쓰세요. 이때 이름은 연필로 밑그림을 그린 뒤, 사인펜이나 네임펜을 이용해 크고 두껍게 만들어 명시성을 확보합니다. 친구들과 선생님의 눈에 잘 띄도록 자신의 이름을 디자인하는 것이 중요합니다.

아래에 있는 사탕에는 무늬를 넣습니다. 연필로 밑그림을 그리고 네임펜으로 선을 따 준 뒤, 지우개로 연필 선을 지우면 깔끔하게 그릴 수 있습니다. 밑그림을 다 그리면 준비한 채색 도구를 사용하여 배경 도안을 꼼꼼하게 색칠합니다.

캡슐 도안의 각 캡슐에는 어떤 내용으로 채워 넣을지 정한 후 아래쪽에 항목을 쓰고, 위쪽에 주제에 맞는 답변을 글로 쓰거나 그림으로 표현합니다. 미리 주제가 주어진 활동지의 경우 주제에 맞는 내용을 캡슐 위쪽에 글로 적거나 간단한 그림으로 그리면 됩니다.

③ 테두리를 따라 자르기

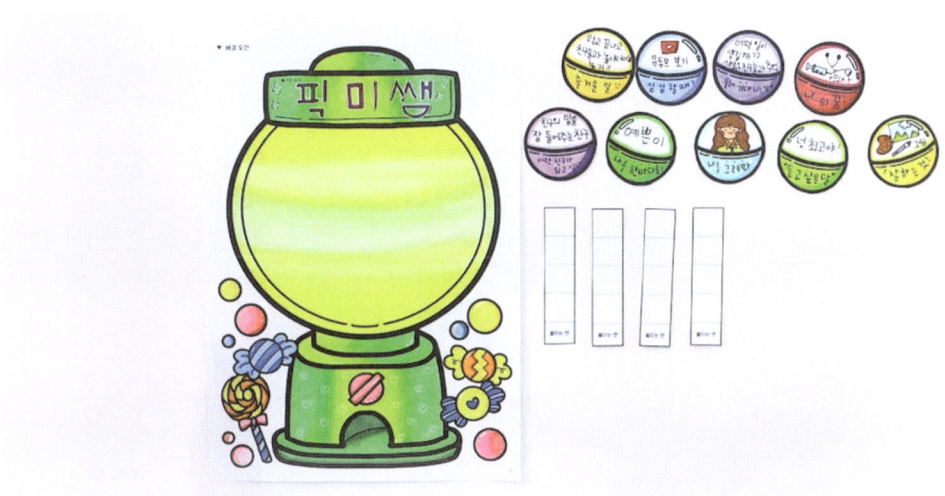

테두리를 따라 캡슐과 지지대 도안을 자릅니다.

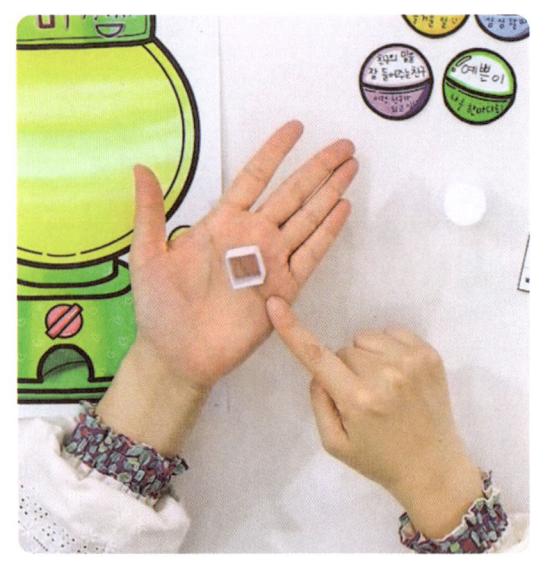

4 지지대 만들기

지지대 도안의 접는 선을 모두 접습니다. 선에 맞춰서 접은 후 손톱 다림질을 하는 습관을 지닐 수 있도록 지도해 주세요. 접는 선이 반듯하고 깔끔해야 원하는 모양을 만들 수 있습니다. 붙이는 면을 다른 쪽 끝과 겹쳐 붙여 사각기둥 모양의 지지대를 만듭니다. 같은 방법으로 모두 4개의 지지대를 만듭니다.

5 캡슐 뒷면에 지지대 붙이기

강조하고 싶은 캡슐을 골라 뒷면에 지지대를 붙입니다.

6 원 안에 캡슐 붙이기

배경 도안의 원 안에 캡슐들을 붙여 완성합니다. 지지대를 붙인 것과 그렇지 않은 것들을 적절하게 배치합니다. 내용이 가려지지 않도록 주의하며 풀로 붙여 고정합니다. 이때 완성된 후 떨어지지 않도록 풀로 붙인 면을 꾹꾹 눌러 줍니다.

　완성 작품을 같이 살펴보며 어떻게 표현했는지 이야기를 나누어 보는 활동은, 표현 활동이 어려운 학생들의 발상에 도움이 됩니다.

　자기소개 캡슐 만들기 활동을 통해 자신에 대해 탐색하고 나를 소개할 점을 찾아 표현 계획을 세워볼 수 있습니다. 완성된 작품으로 친구들에게 직접 자기 자신을 소개해 봄으로써 새 학기의 어색함을 줄이고 친밀감을 형성할 수 있을 것입니다.

✦ 선택 활동 ✦

투명 반구와 테이프를 준비합니다. 완성된 캡슐 머신 원 위에 투명 반구를 붙여주면 실제 캡슐 머신의 느낌을 살릴 수 있습니다. 투명 반구를 붙일 때는 테이프를 사용하여 원 가장자리에 붙여주세요. 학생 수준 및 교실 여건에 맞춰 재미있는 자기소개 캡슐 머신 작품을 만들어보세요.

활동 2 새 학기 책상 이름표

준비물

채색 도구
사인펜, 마카, 매직,
색연필, 흰색 젤 펜 등

활동지
120~160g 두께의
A4 용지에 인쇄

가위, 풀

연필, 지우개

검정 네임펜

투명 테이프

20

3월 초 친구들의 이름을 빨리 외우면 학급 생활에 잘 적응할 수 있고, 또래 집단을 형성하는데 도움이 됩니다. 따라서 친구들에게 자신의 이름을 알릴 수 있으면서, 자신의 개성이 담긴 책상 이름표 만들기 활동을 해볼까요?

활동 순서

1 활동지 선택하기

학급 상황에 맞는 이름표 활동지를 선택합니다. 앞면에는 이름, 뒷면에는 자기소개 내용을 채우는 활동지와 양면 모두 이름을 꾸밀 수 있도록 구성된 학습지가 있습니다. 다양한 활동지를 통해 개인차에 따른 맞춤 과제를 부여할 수 있습니다.

학기 초 활동으로 자기소개 작품을 따로 만들 경우, 앞뒷면 모두 이름을 써서 만드는 이름표를 추천합니다. 앞에서도 뒤에서도 친구의 이름을 확인할 수 있기 때문입니다.

2 칸 나누기

주어진 칸에 맞춰 자신의 이름을 디자인하기 위해 이름 글자 수에 맞게 연필로 칸을 나눕니다.

3 밑그림 그리기

자기 이름 글자를 도톰하게 만들어서 밑그림을 그립니다. 친구들이나 선생님의 눈에 잘 띌 수 있도록 명시성을 높여줍니다.

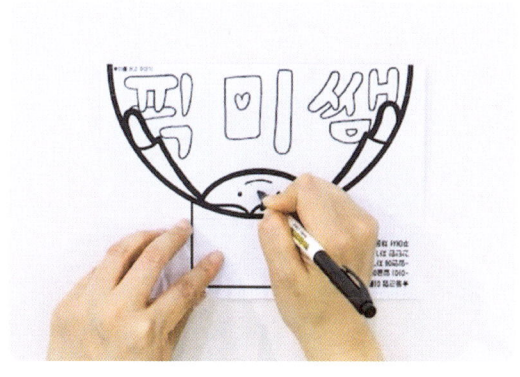

4 윤곽선 그리기

밑그림을 따라 검은색 네임펜이나 매직펜으로 윤곽선을 그립니다.

5 연필선 지우기

지우개로 연필선을 지워 깔끔하게 정리합니다.

6 얼굴 디자인하기

얼굴 그림이 있는 활동지를 선택한 경우, 얼굴 모습도 표현합니다. 이름 글자를 쓴 방법과 마찬가지로 연필로 밑그림을 그리고 검은색 펜으로 윤곽선을 따라 그립니다.

7 채색하고 꾸미기

선택한 활동지에 따라 반대쪽 면에 자기소개 내용 채우기 또는 자신의 이름을 한 번 더 쓴 뒤, 자유롭게 색칠하고 꾸밉니다.

8 테두리를 따라 자르기

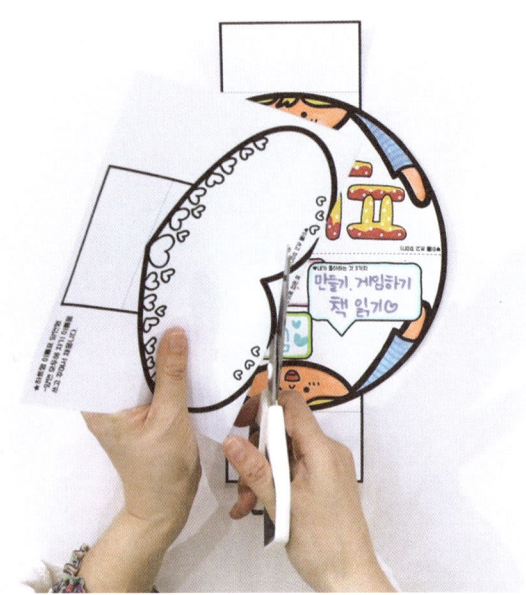

색칠이 끝나면 가위로 테두리를 따라 자릅니다.

* 구름형이나 하트형의 경우 가운데 구멍을 잘라내야 합니다. 가운데 구멍을 쉽게 자르기 위해서는 활동지를 반으로 접은 후, 가운데 선을 따라 잘라주면 됩니다.

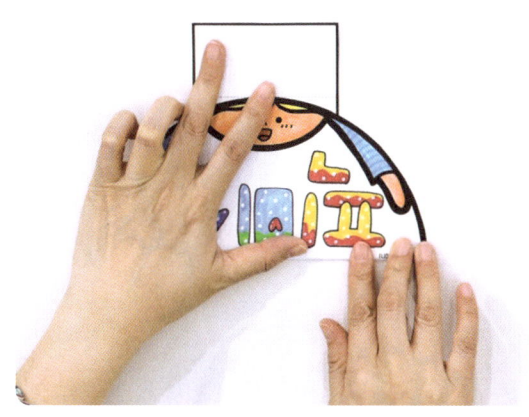

9 접는 선을 따라 접기

이름표 활동지 안쪽의 접는 선을 모두 접습니다. 세 군데 모두 밖으로 접는 선을 모두 접습니다.

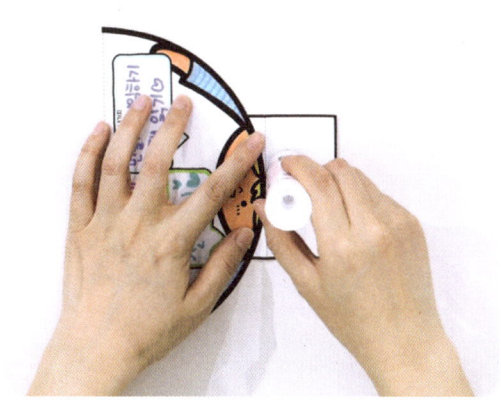

10 붙이는 면을 겹쳐 붙이기

바닥면의 붙이는 면을 겹쳐 붙인 후 꾹꾹 눌러줍니다.

11 이름표 배치하기

완성된 새 학기 책상 이름표를 책상 한쪽에 붙여두고 친구들의 이름을 외우도록 합니다.

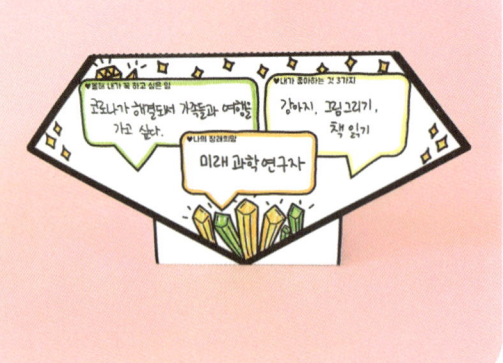

다양한 이름표 디자인을 보며 자신의 이름을 개성 있게 표현할 수 있도록 지도해 주세요.

활동 3

자기소개 가랜드

 **준비물**

채색 도구
사인펜, 마카, 매직,
색연필, 흰색 젤 펜 등

활동지
120~160g 두께의
A4 용지에 인쇄

가위, 풀

연필, 지우개

검정 네임펜

투명 테이프

이 활동은 학기 초 친구들에게 자기를 소개하는 활동과 더불어 학년말의 나에게 보내는 타임캡슐 편지 활동을 함께 진행합니다. 또한 완성된 작품은 교실 게시판 위쪽에 나란히 붙여둠으로써 환경미화의 효과도 얻을 수 있습니다. 1년 동안 교실에 게시해두고 학년말에 떼어서 타임캡슐 편지를 확인한 뒤, 답장 쓰기를 하면서 의미 있는 학년말 마무리 활동까지 할 수 있습니다.

활동 순서

1 활동지 선택하고 채색하기

학생의 개인차를 고려한 활동지를 선택합니다. 자신의 개성을 살려 얼굴을 표현하고 색칠합니다. 리본과 타임캡슐 편지도 색칠합니다.

2 팻말 안에 이름 쓰기

가랜드 활동지 가운데 팻말 그림에 자신의 이름을 씁니다. 이때 이름은 눈에 잘 띌 수 있도록 크고 굵게 씁니다.

3 자기소개 내용 채우기

말풍선 주제에 맞게 글이나 그림으로 자기를 소개하는 내용을 채웁니다. 이때 바탕색이 너무 진하다면 흰색 펜으로, 바탕색이 연하다면 검은색 펜을 사용하여 글씨를 씁니다.

4 나에게 보내는 편지 쓰기

타임캡슐 편지지에 1년 후의 나에게 보내는 편지를 씁니다. 1년 후의 나의 모습을 상상하며 구체적으로 성심성의껏 쓸 수 있도록 지도해 주세요. 내용이 너무 짧거나 성의 없게 쓴다면 1년 후에 편지를 받는 자신이 속상할 거라며 내용 쓰기를 독려해 주세요.

5 테두리를 따라 자르기

채색이 끝난 활동지는 모두 가위로 자릅니다.

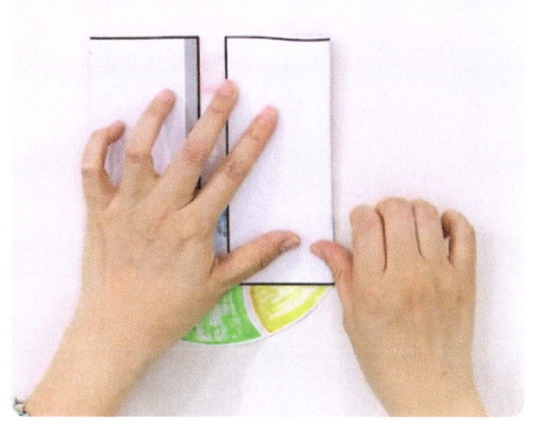

6 접는 선을 따라 접기

가랜드 양쪽의 접는 선을 따라 접습니다. 손톱 다림질로 꾹꾹 눌러 잘 접습니다. 접는 선이 반듯하게 각이 잡혀야, 예쁜 모양이 나옵니다.

7 붙이는 면을 겹쳐 붙이기

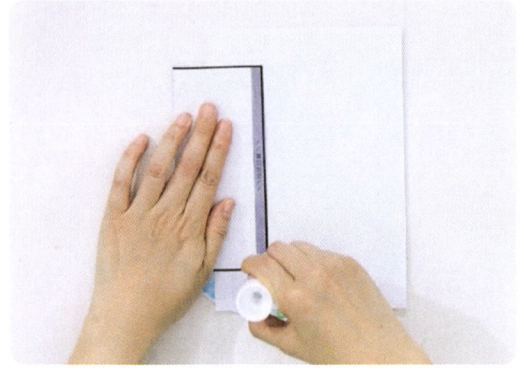

붙이는 면에 풀칠한 뒤, 양 끝을 겹쳐 붙입니다. 안쪽으로 손을 넣어 꾹꾹 눌러 잘 붙여줍니다. 앞부분이 둥글게 말린 입체적인 모양이 됩니다.

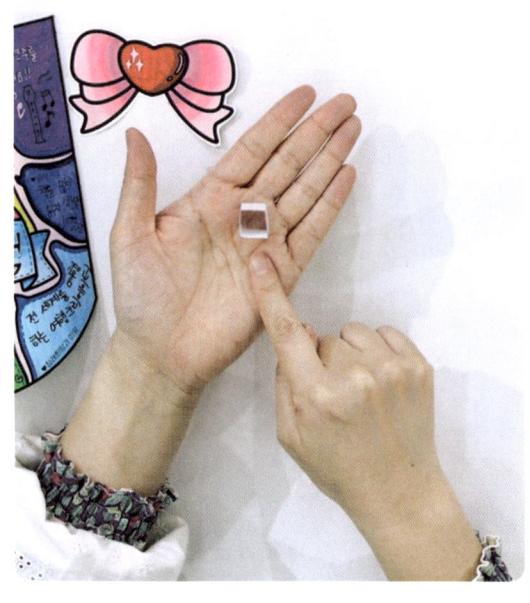

8 접는 선을 따라 접기

리본 지지대의 접는 선을 모두 접습니다. 리본 입체형이 아닌 일체형을 선택한 경우, 리본을 따로 만들어 붙이는 과정은 생략합니다.

9 붙이는 면을 겹쳐 붙이기

붙이는 면에 풀칠해서 끝과 끝이 서로 겹쳐지도록 붙입니다. 사각기둥 모양을 만들어주세요.

10 사각기둥 안쪽으로 눌러 접기

만들어진 사각기둥의 옆구리를 안쪽으로 눌러 접습니다. 가운데가 안쪽으로 쏙 들어간 모양이 됩니다. 이렇게 만들어주면 붙일 때 좀 더 안정적으로 붙일 수 있습니다.

⑪ 지지대 붙이고 리본 붙이기

리본 뒤쪽 가운데 부분에 지지대를 붙입니다. 지지대를 붙인 리본을 가랜드 위에 붙입니다. 입체감 있는 리본으로 만들어주세요.

⑫ 안쪽에 편지 붙이기

완성된 가랜드 안쪽에 타임캡슐 편지를 붙입니다. 밖에서 보이지 않도록 안쪽으로 잘 넣어 주세요. 나를 소개하는 가랜드가 완성되었습니다.

완성된 작품을 칠판에 붙여놓고 서로의 작품을 감상할 수 있는 시간을 주세요. 학기 초 자연스럽게 친구들과 소통할 수 있는 기회가 됩니다.

감상까지 끝난 작품은 이렇게 교실 게시판 위쪽 또는 창가 등 교실 환경을 꾸미고 싶은 곳에 붙여두면 좋습니다. 학생들의 소개와 타임캡슐 편지가 담긴 작품이 1년 동안 우리 교실을 따뜻한 온기로 채워줄 것입니다.

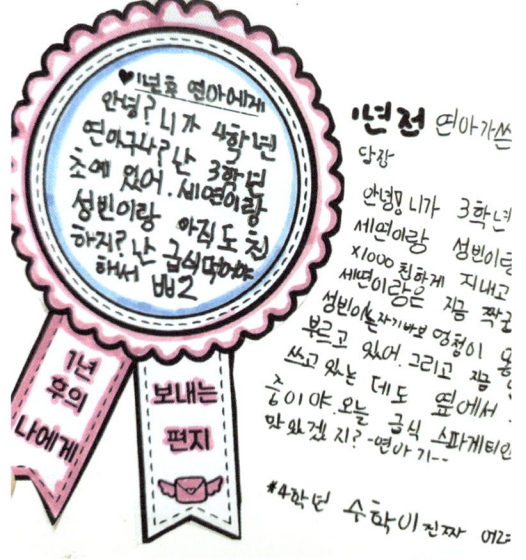

학년말 타임캡슐 편지를 떼어내 붙이고, 그 편지에 답장을 쓰는 활동으로 의미 있는 마무리를 할 수 있습니다. 3월 추천 활동을 통해 설렘이 가득한 시작이 되기를 바랍니다.

4월
봄 풍경과 꽃 관찰하기

4월은 봄꽃들이 절정을 이루는 시기입니다.
또한 식목일과 지구의 날 등 환경에 대해
생각해볼 수 있는 날들이 있습니다.
우리 주변에 피어 있는 봄꽃을 비롯하여 여러 식물을 관찰하고
특징을 탐색하여 작품을 표현하는 활동으로 연결하면 좋습니다.
이런 과정을 통해 자연스럽게 우리 주변의
자연환경에 관심과 애정을 갖게 하며,
나아가 지구 환경으로 학생의 시야와 사고를 확장하여
생태 전환적 가치를 내면화할 수 있습니다.

활동 1

꽃다발 액자

준비물

채색 도구
사인펜, 마카, 매직,
색연필, 흰색 젤 펜 등

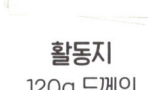

활동지
120g 두께의
A4 용지에 인쇄

OHP 필름

가위, 풀

1 활동지 채색하기

활동지를 준비합니다. 활동지 1장 안에 액자 틀, 꽃, 꽃다발 그림이 모두 들어 있습니다. 먼저 활동지의 그림들을 채색 도구를 사용하여 예쁘게 색칠합니다. 비슷한 색으로 번갈아 가며 테두리를 칠해주면 자연스럽게 색의 변화를 표현할 수 있습니다.

2 테두리 따라 자르기

색칠이 끝나면 액자 틀 그림부터 테두리를 따라 자릅니다.

3 반으로 접은 후 자르기

액자 틀 그림은 가운데 접는 선에 맞춰 반으로 접은 뒤, 손으로 잘 잡고 가운데 원 부분을 잘라냅니다. 가운데 원 부분을 잘라주면, 동그란 구멍이 뚫린 액자 틀이 완성됩니다.

4 꽃 그림 모두 자르기

활동지 안에 있는 꽃다발과 꽃 그림도 모두 자릅니다.

5 안쪽으로 접었다 펼치기

꽃 그림은 꽃잎 부분을 조금만 안쪽으로 접었다가 펼쳐서 입체감을 주세요. 큰 꽃과 작은 꽃 모두 똑같이 접어 주세요.

6 큰 꽃 위에 작은 꽃 붙이기

작은 꽃을 큰 꽃 위에 올려서 붙입니다. 다섯 송이의 꽃을 만들어주세요.

7 OHP 필름 붙이기

OHP 필름을 준비합니다. OHP 필름 위에 액자 틀을 붙여주세요. 액자 틀의 뒷면에 풀칠을 골고루 한 뒤, 모양이 틀어지지 않도록 손으로 잘 잡고 위에서부터 조심조심 붙여주세요. 혹시 잘못 붙였더라도 풀이 마르기 전에 다시 바로잡아 붙이면 됩니다.

8 안쪽에 꽃다발 그림 붙이기

액자 틀 안쪽에 꽃다발 그림을 붙이세요. 꽃다발 위쪽으로 꽃이 들어가야 하므로 아래쪽으로 위치할 수 있도록 붙여주세요.

9 OHP 필름 자르기

액자 틀의 테두리를 따라 OHP 필름을 잘라 주세요.

10 봄꽃 알아보는 활동하기

꽃다발 액자를 들고 밖으로 나가 봄꽃을 관찰하며, 봄꽃의 이름을 알아보는 시간을 가져보세요. 꽃 검색 앱을 활용해 자연스럽게 식물 공부도 할 수 있답니다.

11 봄꽃과 사진찍기

봄꽃을 관찰한 뒤, 꽃다발 위쪽에 봄꽃이 가득 담기도록 사진을 찍는 것이 포인트입니다. 혼자서 활동해도 좋지만, 친구와 함께 서로 사진을 찍어주면 더 예쁜 봄꽃 풍경을 담을 수 있습니다.

12 안쪽에 꽃 그림 붙이기

봄꽃 관찰이 끝나면 교실로 돌아와 만들어 둔 종이꽃을 꽃다발 위에 붙여 작품을 완성합니다. 완성된 꽃다발 액자는 교실 창문에 붙여 교실을 예쁘게 꾸밀 수 있습니다.

    4월을 알리는 봄꽃들을 관찰하며 자연을 직접 체험해보고, 교실 밖을 나가 친구들과 함께 하는 활동을 통해 즐거운 추억도 쌓아 보세요.

활동 2

봄꽃 리스

준비물

채색 도구
사인펜, 마카, 매직,
색연필, 흰색 젤 펜 등

활동지
120~160g 두께의
A4 용지에 인쇄

OHP 필름

가위, 풀

이 활동의 활동지는 학급의 상황 및 학생 수준에 따라 선택하여 쓸 수 있도록 구성되어 있습니다. 꽃 그림과 가운데 봄 관련 문구가 여러 가지 있으며, 직접 꽃을 그리고 글씨를 써서 만들어 볼 수 있는 활동지도 있습니다. 다양한 활동지는 개인차에 따른 맞춤 과제 부여를 가능하게 합니다. 학생들의 의사를 물어 원하는 단계의 활동지를 선택하도록 할 수 있습니다.

활동 순서

1 활동지 채색하기

선택한 활동지는 여러 가지 채색 도구를 사용하여 예쁘게 색칠합니다. 봄 느낌이 날 수 있도록 봄의 색감을 떠올리며 채색하면 좋습니다.

2 테두리 따라 자르기

채색이 끝나면 리스와 나비를 가위로 자릅니다.

3 나비 날개를 접었다 펼치기
나비의 양쪽 날개를 몸통 옆부분에 맞춰 안쪽으로 접었다가 펼쳐주세요.

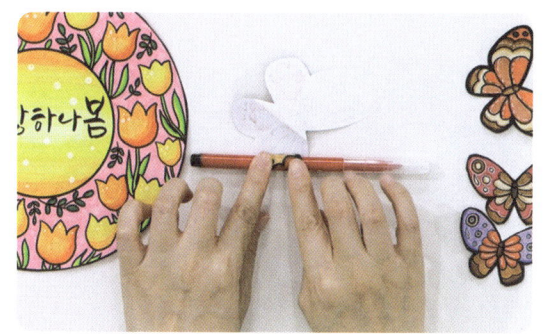

4 나비 날개를 둥글게 말기
나비를 뒤집은 후 날개의 끝부분을 둥근 펜이나 연필을 사용하여 뒤쪽으로 둥글게 말아주세요.

5 입체감 있는 나비 만들기
둥글게 말고 2~3초 정도 잡고 기다리면 모양이 더 잘 살아납니다. 나비 날개 끝을 모두 둥글려서, 입체감 있는 나비로 표현해 주세요.

6 리스 위쪽에 나비 붙이기
리스 위쪽으로 적당한 위치를 잡아 나비를 붙입니다. 나비 몸통 뒤쪽에 풀칠해서 붙여주세요.

　가운데 글씨가 없는 활동지의 경우 동그란 부분을 잘라내거나, 가운데 부분에 시나 원하는 문구를 직접 적어서 꾸밀 수 있습니다. 따라서 국어 수업과 연계하여 사용해도 좋은 활동입니다. 완성한 봄꽃 리스를 교실 게시판 위나 창가에 주르륵 매달아 전시하면 교실에 봄 느낌이 물씬 풍길 것입니다.

활동3

왕 벚꽃 나무

준비물

 **채색 도구**
사인펜, 마카,
색연필, 흰색 젤 펜 등

 **활동지**
120~160g 두께의
A4 용지에 인쇄

 OHP 필름

 가위, 풀

 파스텔

 화장지

이 활동은 개인이 만든 벚꽃 나뭇가지를 이어붙여 하나의 큰 벚꽃 나무로 만드는 활동입니다.

활동 순서

이 활동은 교사가 사전에 왕 벚꽃 나무의 몸통을 만들어둬야 합니다. 나무 몸통의 분할 그림을 인쇄하여 실선 부분은 자르고, 회색 음영 부분은 남깁니다. 회색 음영 부분에 풀칠하여 5장의 그림을 모두 연결한 뒤, 나무 테두리를 따라 자릅니다.

교실 벽면의 알맞은 위치에 나무 몸통을 붙여놓습니다. 교실 벽면에 나무를 붙일 때는 자국이 덜 남는 테이프를 사용하면 좋습니다. 테이프를 뜯어 둥글게 말아준 뒤, 나무 그림 뒷면에 붙여 벽에 고정하면 깔끔하게 게시할 수 있습니다.

1 벚꽃 채색하기

학생들에게 작은 벚꽃 가지를 만들 수 있는 활동지를 나눠줍니다. 벚꽃은 파스텔이나 색연필을 사용하면 벚꽃의 은은한 색감을 잘 표현할 수 있습니다.

2 가지와 나비 채색하기

벚꽃 가지도 나무의 느낌을 살려 채색합니다. 나비는 얼굴과 날개 밑그림을 그린 뒤, 채색합니다. 나비는 밑그림이 그려진 활동지도 있으므로 학생 수준에 맞춰 사용하면 됩니다.

③ 테두리를 따라 자르기

채색이 끝나면 테두리를 따라 가위로 자릅니다.

④ 나비 날개를 접었다 펼치고 둥글게 말기

나비는 몸통 옆의 접는 선을 따라 날개를 접었다가 펼칩니다. 펼친 후 뒤집어서 둥근 펜이나 연필을 사용하여 날개 끝을 둥글게 말아 입체감을 만들어주세요.

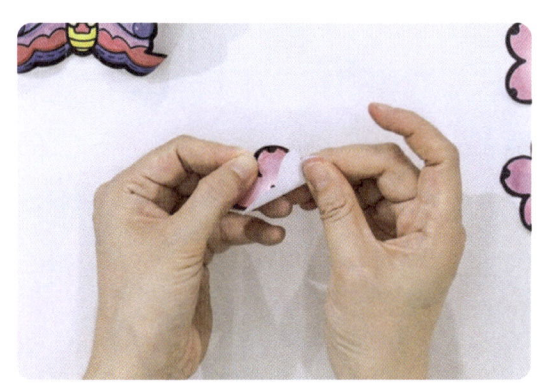

⑤ 꽃잎을 안쪽으로 접었다 펼치기

벚꽃 꽃잎의 접는 선을 따라 모두 안으로 살짝 접었다가 펼쳐서 입체감을 주세요.

⑥ OHP 필름 위에 나뭇가지 붙이기

OHP 필름은 가로로 길게 반으로 잘라주세요. 반으로 자른 OHP 필름 위에 나뭇가지를 붙이세요.

7 벚꽃 잎 붙이기

벚꽃 잎의 뒷면 중심에 풀칠해서 나뭇가지 위와 주변으로 붙이세요. 잘 고정될 수 있도록 손으로 꼭꼭 눌러줍니다. 다 붙인 후에는 손으로 들고 흔들어서 벚꽃 잎이 떨어지지 않는지 확인합니다.

8 테두리를 따라 OHP 자르기

테두리 주변을 따라 OHP 필름을 잘라내세요. 테두리를 정리하면 나무에 붙였을 때 깔끔해 보입니다.

9 벚꽃 가지 붙이기

학생들이 만든 벚꽃 가지를 모두 모아서 큰 나무 위에 붙입니다. 나무 몸통 가까이에서부터 벚꽃 가지들을 붙여나가며 원하는 모양으로 형태를 만들어보세요.

10 벚꽃 나무 위에 나비 붙이기

멀리서 비어 있는 곳을 확인하며 벚꽃 가지를 붙입니다. 벚꽃 가지를 다 붙이면 나무 주변으로 나비를 붙여 완성하세요.

　벚꽃이 필 시기에 맞춰 벚꽃 나무의 모습과 꽃잎의 특징, 벚꽃 나무가 주는 느낌 등을 이야기 나눠보는 시간을 가져도 좋습니다. 벚꽃의 개화 기간이 길지 않기 때문에 친구들과 함께 힘을 합쳐 만든 벚꽃 나무를 교실로 들여온다면, 좀 더 오랜 기간 탐색할 수 있는 활동으로 연계할 수 있고 학생들의 삶과 자연스럽게 이어지는 미술 활동이 될 수 있습니다.

　4월 추천 활동을 통해 자연환경과 관련된 미술 활동을 하며 자연의 아름다움과 소중함을 느낄 수 있는 미술 수업을 진행할 수 있습니다. 봄꽃으로 가득 찬 봄 교실에서 행복한 추억을 쌓아보세요.

5월
감사와 사랑 전하기

5월은 어린이날, 어버이날 등이 있는 가정의 달입니다.
감사와 사랑을 표현하고 전할 수 있는 달이기도 하지요.
마음을 전할 대상에 대한 탐색,
생각이나 느낌 등을 자유롭게 떠올려 보고,
작품 표현 활동으로 연계해 보세요.

활동 1

볼륨 꽃바구니

준비물

채색 도구
사인펜, 마카, 매직,
색연필, 흰색 젤 펜 등

활동지
120~160g 두께의
A4 용지에 인쇄

가위, 풀

감사의 마음을 전할 수 있는 활동입니다. 이 활동은 입체로 만드는 작품이기 때문에 완성도 높게 입체 작품을 만드는 방법에 중점을 두고 지도해야 합니다. 또 만드는 과정이 다소 까다로울 수 있어서 학생들이 힘들어하거나 중간에 포기하지 않도록 격려해주는 것도 필요합니다.

활동 순서

1 활동지 선택하기

활동지를 준비합니다. 활동지는 2장으로 구성되어 있으며, 메시지 막대의 내용이 비어 있는 활동지와, 메시지 막대 없이 구성된 활동지가 있습니다. 또한 컬러 버전 활동지를 활용해 채색 단계를 건너뛰고 바로 만들기 활동으로 넘어갈 수도 있으므로 시간 계획에 맞춰 필요한 활동지를 적절하게 선택하면 됩니다.

2 채색하기

꽃 그림들과 이파리 그림 장식을 색칠합니다. 채색 도구를 자유롭게 사용해 주세요.

3 테두리 따라 자르기

색칠한 활동지의 그림을 모두 잘라주세요. 그런데 잘라야 하는 그림이 많죠? 이럴 때는 각 그림을 먼저 작은 조각으로 나눠준 뒤 잘라야, 쉽고 편하게 자를 수 있습니다. 또 자르기 실력이 능숙하다면 테두리 선에 맞춰 자르는 것에서 흰색 여백을 조금 남기고 자르는 방법으로 난이도를 높여 도전해 볼 수 있도록 지도해 주세요.

4 막대 자르기

볼륨 막대 4개를 잘라주세요. 이때, 막대가 얇기 때문에 손을 다치지 않도록 조심해서 자르도록 안내합니다. 또한 조각들이 많을 경우에는 오려둔 조각들을 잃어버리거나 자른 종이에 섞여 버려지는 일이 없도록 주의해야 합니다.

5 접었다 펼쳐서 입체감 주기

활동지의 그림들을 모두 자르고 나면, 각각의 꾸밈 장식별로 접는 선에 맞춰 접었다가 펼쳐서 입체감을 줍니다. 접는 순서는 다음과 같습니다.

① 나뭇잎은 반으로 접었다가 펼쳐줍니다.
② 잎자루가 있는 나뭇잎들은 끝부분을 남기고 반으로 접었다가 펼쳐줍니다.
③ 꽃잎이 5장인 꽃은 꽃잎을 모두 반으로 접었다가 펼칩니다.
④ 꽃잎이 4장, 8장인 꽃은 가로로 한 번, 세로로 한 번씩 반으로 접었다가 펼칩니다.
⑤ 동그란 꽃은 반으로 한 번만 접었다가 펼칩니다.
⑥ 메시지 막대는 글씨 쓰는 곳 아래쪽만 접었다가 펼칩니다.

6 리본의 양 끝을 둥글게 말기

리본은 양 끝을 손이나 둥근 펜을 이용해 뒤쪽으로 둥글게 말아주세요.

7 지지대 만들기

꽃바구니의 중심이 되는 꽃을 만들어 볼까요? 입체감을 풍성하게 주기 위해 지지대를 먼저 만들어 보겠습니다. 중심 꽃 지지대의 접는 선을 모두 접은 뒤, 끝부분에 풀칠해서 겹쳐 붙입니다. 사각기둥 모양을 총 2개 만듭니다.

8 중심 꽃 1에 지지대 붙이기

중심 꽃 1 뒤에 지지대를 붙이세요. 붙일 때는 지지대를 꾹 눌러 붙이고, 잘 붙었다면 다시 손으로 지지대 모양을 잡아 세워주세요.

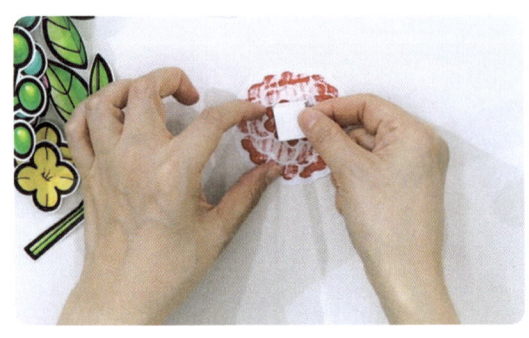

9 중심 꽃 2에 지지대 붙이기

중심 꽃 2 뒤에도 지지대를 붙입니다. 마찬가지로 잘 붙었다면 다시 손으로 지지대 모양을 잡아 세워주세요.

🔟 중심 꽃 1위에 꽃 2 붙이기

중심 꽃 1위에 중심 꽃 2를 붙이세요. 붙일 때는 꾹 눌러서 붙이고, 다시 세워서 모양을 잘 잡습니다. 입체감을 잘 살린 중심 꽃이 완성되었어요.

1️⃣1️⃣ 볼륨 막대 이어 붙이기

볼륨 막대를 2개씩 이어보겠습니다. 별 모양 표시가 있는 부분끼리 만나도록 막대 2개를 이어 붙이고, 하트 모양 표시가 있는 부분끼리 만나도록 남은 막대 2개를 이어 붙입니다.

1️⃣2️⃣ 바닥 지지대 만들기

바닥 지지대의 접는 선을 모두 접습니다. 입체 작품의 모양이 잘 나오려면 접는 선들을 잘 접어줘야 합니다. 또한 손톱 다림질로 꾹꾹 눌러줘야 완성도 높은 입체 작품이 만들어질 수 있습니다. 접는 선을 꼼꼼하게 다 접은 후에는 붙이는 면을 잘 맞춰 붙입니다. 풀칠도 꼼꼼하게 하고, 잘 붙을 때까지 손으로 잡고 기다려주세요.

⑬ 받침판 위에 볼륨 막대 붙이기

원형 받침판 위에 있는 별 모양에 맞춰서, 별 표시가 있는 볼륨 막대를 가운데 선에 잘 맞춰 붙입니다. 하트 표시가 있는 볼륨 막대를 세로 선에 맞춰 붙입니다. 하트 표시가 가운데 올 수 있도록 잘 맞춰서 붙이세요. 잘 고정될 수 있도록 꼼꼼하게 풀칠 후 기다려주세요.

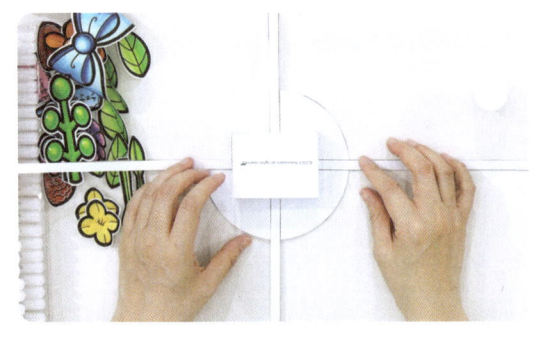

⑭ 바닥 지지대 붙이기

볼륨 막대를 붙인 받침판 위로 붙이는 곳에 맞춰 바닥 지지대를 붙입니다.

⑮ 바닥 지지대 뒤집기

바닥 지지대가 아래로 가도록 뒤집어 놓습니다.

16 막대 접었다 펼치기

받침판 끝에 맞춰 볼륨 막대를 한 번씩 접었다가 펼칩니다.

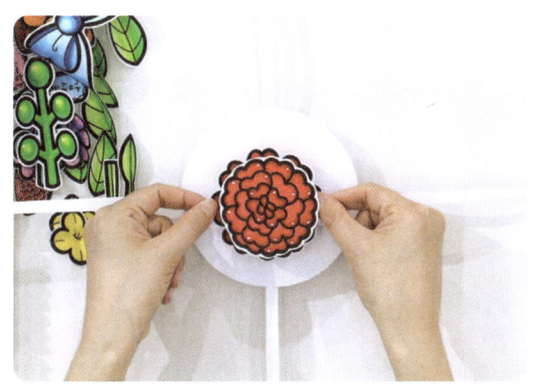

17 중심 꽃 붙이기

받침판 가운데에 중심 꽃을 붙입니다. 붙일 때는 꾹 눌러서 붙인 뒤, 지지대 모양을 잡아 세워주세요.

18 주변 잎사귀 붙이기

중심 꽃을 붙인 받침판의 가장자리를 둘러서 이파리들을 붙입니다. 풀칠은 이파리의 끝부분만 칠해 붙입니다. 이때 볼륨 막대가 지나가는 곳에 붙이지 않도록 주의합니다.

19 꽃 장식 배치하기

잎사귀 위로 꽃장식들을 적절하게 배치하여 둥근 형태로 둘러 가며 붙입니다. 풀칠은 꽃의 뒷면 가운데 일부분만 칠해 붙여야 입체감 있게 붙일 수 있습니다.

20 막대를 위로 이어 붙이기

마주 보고 있는 한 쌍의 막대를 위에서 만나도록 붙입니다. 나머지 막대도 차례차례 그 위에서 만나도록 붙입니다.

21 리본 붙인 후 메시지 막대 꽂기

4개의 막대가 만난 부분에 리본을 붙여주세요. 마지막으로 메시지 막대를 적당한 위치에 잘 보이도록 꽂아서 고정합니다.

22 모양 잡아주기

바닥 면의 지지대를 잘 세워서 모양을 잡아주면 완성입니다.

입체 작품이면서 활동 과정이 복잡하고, 그림의 조각들이 많아서 인내심이 필요한 활동입니다. 마음을 전할 대상을 떠올리면서 성취 목표를 가지고 도전해 볼 수 있도록 격려와 지지가 필요합니다. 활동 시간이 부족할 경우, 컬러 활동지를 사용해 만들기 활동에만 집중할 수도 있습니다.

직접 만든 볼륨 꽃바구니를 이용해 감사와 사랑의 마음을 전해볼 수 있습니다. 미술을 매개로 하여 생활 속에서 타인과의 관계를 부드럽게 맺어가는 방법을 자연스럽게 체득하는 활동으로 확장할 수 있습니다.

활동2

카네이션 트로피

준비물

채색 도구
사인펜, 마카, 매직, 색연필, 흰색 젤 펜 등

활동지
150~160g 두께의 A4 용지에 인쇄

가위, 풀

끈

검정 네임펜

펀치

트로피가 갖는 상징적 의미를 탐색해보고, 감사의 마음을 전하고 싶은 대상에게 의미를 담아 만드는 카네이션 트로피 만들기입니다. 트로피는 입상을 기념하기 위해 주는 컵, 기, 방패 등의 기념품을 말합니다. 부모님께 감사하는 마음을 전하기 위해 상을 드린다는 의미로 트로피를 만들 수 있습니다.

활동 순서

1 활동지 준비하고 얼굴 표현하기

활동지 2장을 준비합니다. 트로피 그림의 가운데에 자신의 얼굴을 표현해 봅니다. 연필로 밑그림을 그리고 검은색 네임펜으로 선을 딴 후, 지우개로 연필선을 지워주면 좋습니다.

트로피 아래 네모칸에는 최고의 부모님상, 자랑스러운 부모님상, 내겐 너무 훌륭한 부모님상 등 감사의 마음을 전할 수 있는 상 이름을 생각해서 씁니다. 상 이름은 눈에 잘 보일 수 있도록 검은색 네임펜으로 쓰는 것이 좋습니다.

2 채색하고 테두리 따라 자르기

내용을 채우면 트로피 뒤판을 제외하고 모두 채색합니다. 채색이 끝나면 활동지의 그림을 모두 자릅니다.

3 메달을 반으로 접기

메달 도안을 반으로 접습니다.

4 메달 윗쪽에 풀칠하여 살짝 붙이기

메달의 안쪽을 펼쳐서 윗부분만 풀칠하여 붙입니다.

5 메달 안쪽에 내용 적기

쿠폰 메달 안쪽에 부모님께 드리는 효도 쿠폰의 내용을 생각해 적습니다. 학생 스스로 실천할 수 있는 일을 적는 것이 좋습니다. 안아주기, 신발 정리하기, 식사 준비 돕기, 식사 후 정리하기 등을 적을 수 있습니다. 편지 메달 안쪽에는 부모님께 전하는 마음을 간단하게 적습니다.

6 메달 위쪽에 구멍을 뚫은 후 고리 만들기

펀치와 끈을 준비했다면 메달 위쪽에 구멍을 뚫습니다. 끈을 잘라서 반으로 접어 끝부분을 묶은 뒤 구멍에 끼워 고리를 만들어주면 메달 느낌을 표현할 수 있습니다.

7 접는 선을 따라 접기

트로피 뒤판의 접는 선을 따라 모두 접습니다. 접는 선을 접을 때는 선에 잘 맞춰서 접고 손톱 다림질을 꼭 해 주세요. 안으로 접기 선과 밖으로 접기 선을 구분해서 접습니다.

8 아래쪽에 풀칠한 후 붙이기

접은 상태에서 보이는 아래쪽 면에 풀칠한 뒤, 풀칠면에 트로피 앞판을 맞춰서 붙입니다.

9 위쪽에 풀칠한 후 붙이기

트로피 뒤판의 위쪽 붙이는 면에 풀칠한 뒤, 풀칠면에 트로피 앞판을 맞춰서 붙입니다.

⑩ 모양 잡아주기

손으로 모양을 잘 잡아주면 세울 수 있는 트로피 모양이 됩니다. 풀이 마르고 나면 좀 더 탄탄해집니다. 앞으로 말리는 현상이 생기면 뒤쪽으로 살짝 힘을 줘서 중심을 잡아주세요.

⑪ 주머니에 메달 넣기

트로피 뒷면에 생긴 주머니에 메달을 넣어주면 완성입니다.

　트로피를 만들고 감사의 마음을 전하는 활동을 통해 생활 속에서 활용되는 미술에 관심을 갖게 됩니다. 또한 미술의 특징과 역할을 발견할 수 있는 기회가 될 것입니다. 나와 관계를 맺고 있는 이들에게 감사의 마음을 전하며 따뜻한 온기를 나눌 수 있습니다.

활동 3

어린이날 토퍼

준비물

채색 도구
사인펜, 마카,
색연필, 흰색 젤 펜 등

활동지
120~160g 두께의
A4 용지에 인쇄

OHP 필름

가위, 풀

나무젓가락
(나무막대)

투명 테이프

어린이날을 맞이하여 교실에서 학생들과 간단하게 할 수 있는 활동으로 어린이날 토퍼 만들기를 준비했습니다. 어린이날을 기념하는 토퍼를 만들고, 사진을 찍으며 행복한 하루를 보낼 수 있습니다.

활동 순서

이 활동은 세 가지 방법으로 나눌 수 있습니다. 첫 번째, 꾸밈 그림을 활용해 OHP 필름에 직접 조합하여 만드는 방법, 두 번째, 조합된 그림에 색칠만 해서 잘라서 만드는 방법, 세 번째, 채색된 그림으로 쉽게 만드는 방법입니다. 학급 상황 및 학년 수준에 맞춰 다양하게 활용해 볼 수 있습니다. 다음은 첫 번째 활동 방법으로 만들어 볼까요?

1 활동지 채색 후 자르기

준비된 활동지를 채색한 뒤 테두리를 따라 가위로 자릅니다.

2 OHP 필름 위에 배치 후 붙이기

OHP 필름 위에 그림 요소를 배치해 봅니다. 이때 그림들이 서로 조금씩 겹치거나 가까이 모이도록 배치합니다. 원하는 대로 배치가 끝나면 풀로 붙여 고정합니다.

③ 테두리를 따라 OHP 필름 자르기

테두리를 따라 OHP 필름의 여백을 조금만 남기고 잘라냅니다. 이 상태에서 책 사이에 끼워 풀이 완전히 마를 때까지 기다려주세요. 풀이 마르면서 OHP 필름이 휘는 현상을 방지할 수 있습니다.

④ 뒷면에 나무막대 붙이기

테이프를 이용해 나무막대를 뒷면에 단단히 붙이면 완성입니다.

　두 번째와 세 번째 활동 방법은 활동지를 출력 후 두꺼운 도화지에 한 번 덧붙여 만들어주면 튼튼하게 만들 수 있습니다. 색칠하고 테두리를 자른 뒤, 뒷면에 나무막대를 테이프로 단단히 붙여 고정하면 완성할 수 있습니다.

　완성된 토퍼를 들고 친구들과 사진을 찍으며 서로에게 축하를 건네고 따뜻한 마음을 전한다면 더욱 따뜻하고 행복한 교실을 만들 수 있겠지요?

　5월의 주제인 감사와 사랑을 느낄 수 있는 여러 활동을 통해 타인, 환경, 세계와 상호작용하는 경험을 확장하는 미술 수업을 진행해 보세요.

Part 2
초록으로 물드는 여름 교실

6월
호국보훈 나라 사랑 이야기

6월은 현충일, 6·25전쟁일 등이 있는 호국 보훈의 달입니다.

국가를 위해 희생하거나 공헌한 이들의 공훈과

나라 사랑의 정신을 기리고 있죠.

6월의 주제와 관련한 활동을 통해

나라를 사랑하는 마음을 기르고

공동체적 삶의 의미를 되새겨보세요.

무궁화 2단 리스

준비물

채색 도구
사인펜, 마카, 매직,
색연필, 흰색 젤 펜 등

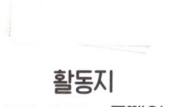
활동지
150~160g 두께의
A4 용지에 인쇄

가위, 풀

색연필 채색 방법 및 활동 순서

이번 활동에서는 색연필을 사용하여 채색해 보려고 합니다. 학생들이 사용하는 색연필은 크게 두 종류인데요. 돌돌 돌려쓰는 심이 두꺼운 색연필과 연필처럼 깎아 쓰는 심이 얇은 색연필이 있습니다.

색연필은 처음부터 너무 힘을 주고 세게 칠하게 되면 유분막이 생겨 겉면이 코팅되는 효과로 인해 더는 다른 색을 올리기 어렵습니다. 따라서 손에 힘을 빼고 살살 칠하면서 색의 진하기를 표현하는 것이 좋습니다. 살살 칠하면 다른 색과 섞어서 칠하는 것도 가능합니다.

미술 수업에서 쓰는 채색 도구는 24색 이상을 추천합니다. 24색 색연필을 기준으로 비슷한 계열의 색끼리 분류하는 활동을 하면 색을 선택하고 조합해서 쓰는 데 도움이 됩니다. 아래 그림처럼 무채색, 초록 계열, 파랑 계열, 자주 보라 계열, 노랑 주황 빨강 계열, 갈색 계열로 나눌 수 있습니다.

이렇게 색을 나눠보고 비슷한 계열의 색끼리 묶어보는 활동은 10 색상환과 연계하여 설명하면 좋습니다. 10 색상환에서 서로 이웃하고 있는 색은 비슷한 색, 마주 보고 있는 색은 반대색이죠.

빨강, 주황, 노랑은 따뜻한 색으로 분류되고 청록, 파랑, 남색은 차가운 색으로 분류되며 초록, 연두, 보라, 자주는 중간 느낌의 색으로 분류됩니다.

채색 도구를 쓰기 전에 이런 부분을 알려주면, 아이들이 직접 적용하고 분류하고 탐색할 수 있습니다. 그리고 서로 비슷한 느낌의 색들을 같이 쓰면 색의 변화를 표현하여 그림을 좀 더 입체적으로 나타낼 수 있죠.

같은 계열의 색을 선택해서 서로 어울리게 써도 되지만, 다른 계열 사이에도 서로 어울리는 조합을 찾을 수 있습니다. 예를 들면 초록 계열과 파랑 계열도 서로 어울리고, 빨강 계열은 자주 보라 계열과 어울리고, 노랑 주황 계열은 갈색 계열과도 어울립니다.

학기 초 미술 수업 시간을 이용하여 이렇게 채색 도구를 분류하고 어울리는 색을 알아보는 시간을 가지면 이후의 미술 수업에서 학생들이 더 쉽게 색 조합을 선택할 수 있습니다.

활동 순서

이제 활동지를 준비합니다. 활동지는 3장으로 구성되어 있습니다. 조금 더 쉽게 만들 수 있는 단계의 활동지도 따로 준비되어 있으므로 학급 및 학생 수준에 맞춰 사용할 수 있습니다.

1 리스 채색하기

 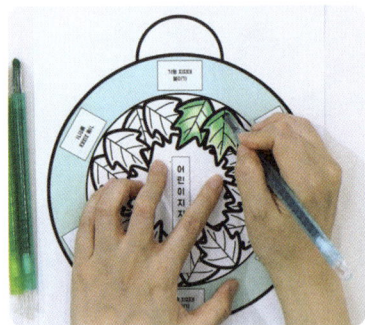 

1단 리스의 이파리와 손잡이 부분을 채색합니다. 이파리를 색칠하기 위해서 초록 계열의 색연필들을 고릅니다. 색연필이 몇 색 구성이냐에 따라 비슷한 계열 색의 개수는 달라질 것입니다.

먼저 더 밝고 연한 색을 선택하여 전체적으로 칠해주세요. 연두색이 되겠죠. 처음부터 너무 진하게 칠하려 하기보다는 힘을 빼고 칠하고자 하는 면적을 모두 연하게 칠해주세요. 그리고 좀 더 진한 색인 초록색으로 바꿔서 또 힘을 빼고 연하게 칠해주세요. 이때 이파리의 안쪽은 밝게, 바깥쪽은 진하게 표현하기 위해 바깥쪽만 여러 번 덧칠해서 진하게 만들어줍니다. 그리고 이파리의 잎맥 부분도 선을 따라서 진하게 덧칠합니다.

이처럼 색칠을 통해 안쪽은 밝고 바깥쪽을 진하고 어둡게 만들 수도 있고, 아래나 위로 갈수록 점점 색이 진해지도록 표현할 수도 있습니다. 방향을 정해서 일정하게 모든 이파리를 색칠합니다. 초록 색이 많다면 진한 색을 바꿔서 가장자리나 끝부분을 좀 더 진하게 올려줘도 좋습니다. 원하는 느낌의 이파리 색이 나올 때까지 연한 색과 진한 색을 번갈아 채색해 보세요.

② 2단 리스 채색하기

  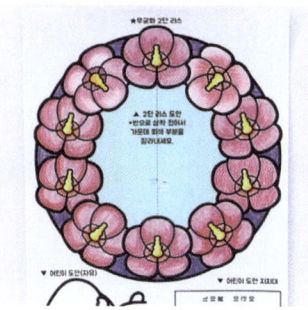

2단 리스의 무궁화는 분홍색과 자주색 색연필로 색칠합니다. 먼저 가장 연한 색인 분홍색을 전체적으로 칠해줍니다. 이때 꽃잎의 모양을 따라 채색하면 자연스럽게 표현할 수 있습니다. 분홍색을 전체적으로 칠해준 후, 꽃잎의 가장자리 부분은 자주색으로 덧칠해 진하게 만들어주세요. 그리고 다시 분홍색을 위에 올려 자연스럽게 표현되도록 덧칠합니다.

　이때 학생들에게 하나의 면을 하나의 색으로만 모두 채우지 말고, 2~3가지의 색을 섞어서 사용할 것을 안내하고 활동을 시작하면 좋습니다. 색칠은 돌려쓰는 색연필로도 할 수 있지만, 깎아쓰는 색연필을 사용한다면 더욱 세밀하게 표현할 수 있습니다.

③ 어린이 그림 채색하고 메시지 적기

어린이 그림은 3가지 중 하나를 선택하여 색칠합니다. 채색이 모두 끝나면 어린이 그림의 하트 안에 나라를 지켜주신 분들께 감사하는 마음을 전하는 메시지를 적습니다.

④ 테두리를 따라 자르기

3장의 활동지를 모두 자릅니다.

⑤ 반으로 접은 후 자르기

무궁화 그림은 반으로 접고 가운데 회색 부분을 잘라냅니다. 이때 손으로 접힌 부분을 잘 잡고 잘라야 반듯하게 자를 수 있습니다.

  또는 반으로 접은 상태에서 가운데를 삼각형 모양으로 잘라 가위가 들어갈 수 있는 구멍을 뚫어준 후, 그 구멍으로 가위를 넣고 안쪽 테두리를 따라 자르는 방법도 있습니다. 처음 가르칠 때 자세히 지도하면, 이후의 활동에서는 학생들이 스스로 잘 자를 수 있게 됩니다.

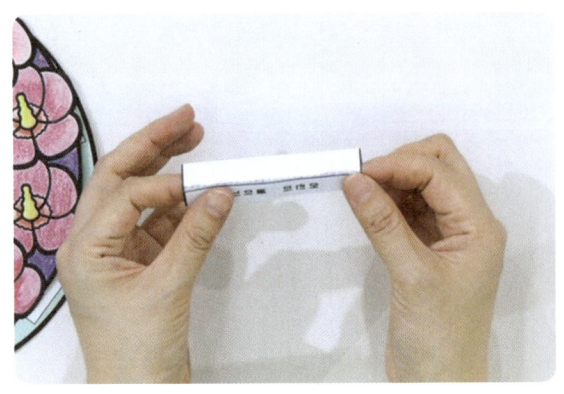

⑥ 접는 선을 따라 접기

어린이 지지대의 접는 선을 따라 모두 접습니다. 접을 때는 항상 접는 선을 손톱 다림질로 꾹꾹 눌러주세요. 그리고 붙이는 면을 붙여 사각기둥 모양으로 만듭니다.

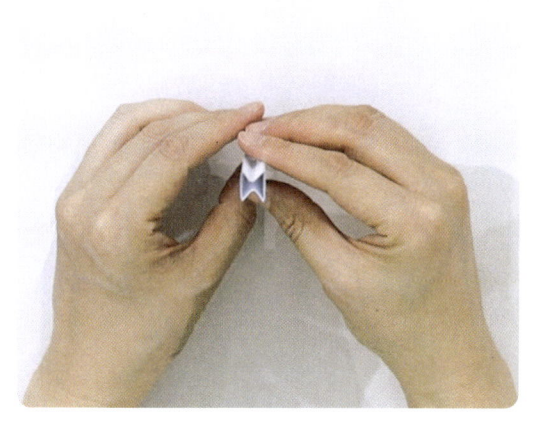

7 사각기둥 안쪽으로 눌러 접기

기둥의 양옆을 눌러서 옆구리 부분이 쏙 들어가도록 접습니다. 이렇게 하면 더욱 안정적으로 붙일 수 있습니다.

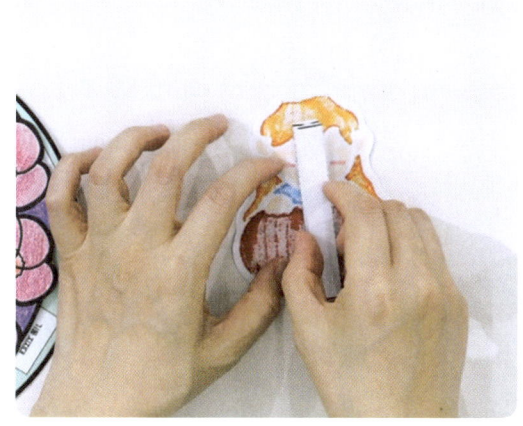

8 어린이 그림 지지대 붙이기

어린이 그림 뒤에 어린이 지지대를 붙이세요.

9 사각기둥 모양 만들고 안쪽으로 눌러 접기

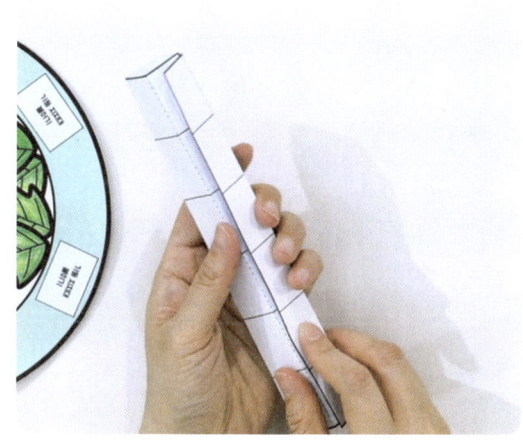 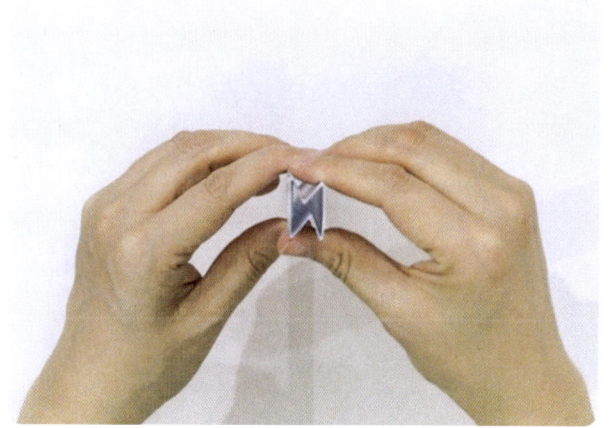

2단 리스 지지대 도안의 접는 선을 모두 접은 후, 붙이는 면을 붙여 큰 사각기둥 모양으로 만듭니다. 이어서 마찬가지로 기둥의 양옆을 눌러서 옆구리 부분이 쏙 들어가도록 접습니다.

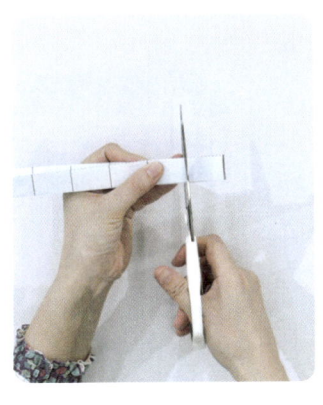

10 실선을 따라 자르기

납작하게 만든 상태에서 안쪽의 실선을 따라 자릅니다. 작은 사각 기둥들로 나뉘게 됩니다.

11 기둥 지지대 붙이기

이 조각들을 1단 리스의 기둥 지지대 붙이는 곳에 모두 붙입니다. 전부 여섯 군데입니다.

12 어린이 그림 붙이기

가운데에 지지대를 붙인 어린이를 붙입니다.

⑬ 2단 리스 지지대 붙이기

2단 리스 지지대 위쪽으로 모두 풀칠을 하고 무궁화 그림이 있던 2단 리스까지 잘 맞춰서 붙입니다.

⑭ 지지대 높이 조절하기

지지대 안쪽으로 손가락을 넣어 입체감이 살아나도록 지지대의 높이를 적절하게 조절해주세요.

학기 초 미술 수업 시간에 색연필의 색을 분류하고 어울리는 색을 알아보는 시간을 갖는다면 학생들이 더 쉽게 색 조합을 선택할 수 있으며, 색칠에 흥미를 느낄 수 있을 것입니다.

활동 2

나라 사랑 모빌

준비물

채색 도구
사인펜, 마카, 매직,
색연필, 흰색 젤 펜 등

활동지
120g 두께의
A4 용지에 인쇄

가위, 풀

창체 교육과 연계하여 간단하게 나라 사랑 활동을 할 수 있는 나라 사랑 모빌 만들기입니다. 모빌 만들기는 1장으로 된 활동지를 사용해 쉽게 만들 수 있으며, 만든 작품은 교실 창틀에 나란히 붙여 6월 한 달 동안 호국보훈 분위기로 교실을 꾸밀 수 있습니다.

1 활동지 꾸미기

먼저 활동지를 준비합니다. 활동지에 있는 그림들을 모두 색칠하고, 메시지 태그에는 나라 사랑의 마음을 글로 표현합니다.

2 테두리를 따라 자르기

테두리를 따라 가위로 자릅니다. 그림 조각들이 많은 경우, 작은 조각들로 나눠 자르는 것이 좋습니다.

③ 모빌 끈 이어 붙이기

모빌 끈 2개를 이어붙입니다.

④ 모빌 끈 위에 장식 붙이기

모빌 끈을 세로로 놓고, 나라 사랑 그림 장식들을 어울리게 놓아보세요. 모빌 끈이 보이지 않도록 차곡차곡 놓은 후, 풀로 붙여 고정합니다.

⑤ 메시지 태그 붙이기

마지막으로 모빌 끈 끝에 메시지 태그를 붙여 완성합니다.

나라 사랑 모빌을 만들어 교실을 꾸민다면 호국보훈 분위기를 연출할 수 있습니다.

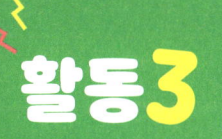

활동3
호국보훈 대문책

준비물

채색 도구
사인펜, 마카, 매직,
색연필, 흰색 젤 펜 등

활동지
120g 두께의
A4 용지에 인쇄

가위, 풀

87

6월 호국보훈의 달을 정리할 수 있는 계기 교육 미술 자료인 호국보훈 대문책 만들기입니다.

활동 순서

1 활동지 꾸미기

먼저 대문책 내용을 함께 읽어보며, 빈칸에 들어갈 말을 채워봅니다. 내용을 모두 채우면 채색 도구를 활용해 채색하고 꾸밉니다. 무궁화 그림이 있는 표지도 색칠합니다.

2 테두리를 따라 자르기

표지와 내용 그림의 테두리를 따라 자릅니다.

③ 접는 선을 따라 접기

내용 그림은 반으로 접은 후, 풀칠하는 부분을 밖으로 접습니다. 반대쪽도 똑같이 밖으로 접습니다.

④ 접는 선에 맞춰 대문 접기

그대로 펼쳐서 가운데 선에 맞춰 대문 접기를 합니다.

⑤ 무궁화 그림 표지 붙이기

무궁화 그림 표지를 풀칠하는 곳에 맞춰 붙이면 완성입니다.

　6월 추천 활동을 활용해 나라 사랑의 마음을 기르고, 교실도 호국보훈의 느낌이 가득하도록 꾸며볼 수 있습니다. 이처럼 월별로 달라지는 자연의 모습이나 특정할 만한 기념일 등에 대한 느낌과 생각을 시각적으로 표현함으로써 자신을 둘러싼 세계와 소통하며 나아가 자신과 세계와의 관계를 이해하고 그 의미와 가치를 내면화할 수 있을 것입니다.

7월
여름 이미지 떠올리기

7월은 여름의 뜨거움을 한껏 느낄 수 있는 달입니다.

학생들이 손꼽아 기다리는 여름방학도 있죠.

더위를 피해 떠나는 계곡, 강, 바다 등의 자연환경과

수박과 참외 등 시원한 여름 과일들도 떠오르는데요.

여름과 관련한 경험을 떠올리거나

디지털 매체로 간접 자료를 탐색하며

학생들의 감각을 확장시켜보세요.

활동 1
여름 글씨 디자인

준비물

채색 도구
사인펜, 마카, 매직,
색연필, 흰색 젤 펜 등

활동지
120g 두께의
A4 용지에 인쇄

OHP 필름

가위, 풀

사인펜 채색 방법 알아보기

이번 활동에서는 사인펜을 사용하여 채색해 보려고 합니다. 색연필과 마찬가지로 사인펜 역시 24색을 기준으로 비슷한 계열의 색끼리 분류해보는 활동을 하면 색을 선택하고 조합해서 쓰는 데 도움이 됩니다.

아래 그림처럼 갈색 계열, 자주 보라 계열, 노랑 주황 빨강 계열, 파랑 계열, 초록 계열로 나눌 수 있습니다.

| 갈색 계열 | 자주 보라 계열 | 노랑 주황 빨강 계열 | 파랑 계열 | 초록 계열 |

그리고 서로 비슷한 계열의 그룹끼리도 어울리게 쓸 수 있음을 지도합니다. 초록과 파랑 계열을 서로 어울리게 쓸 수 있고, 자주 보라와 노랑 주황 빨강 계열, 파랑 계열과 보라 계열, 노랑 계열과 갈색 계열도 서로 어울리게 쓸 수 있음을 알려주면 학생들이 색을 선택하고 조합해서 활용하는 데 도움이 됩니다.

저학년의 경우, 테두리 선을 넘어가지 않도록 칠하고자 하는 면적을 꼼꼼하게 채색하는 습관을 기를 수 있도록 지도하는 것이 우선입니다. 어느 정도 기본 채색 능력이 길러진 중학년부터라면 하나의 면을 하나의 색깔로 단순하게 칠하는 것보다 2가지 이상의 색을 사용하여 채색할 수 있도록 지도합니다. 이때 비슷한 계열의 색을 활용하면 더욱 자연스러운 작품 표현을 할 수 있습니다.

사인펜 채색 방법 1

가장 기본적인 채색 방법입니다. 먼저 빨강 계열의 색을 고르고, 조금 더 연한 빨강으로 밑색을 칠합니다. 그리고 방향을 정해 좀 더 진한 빨강으로 테두리를 따라 덧그립니다. 만약 초록색을 칠하고자 한다면 연한 초록색(또는 연두색)으로 밑색을 칠하고, 진한 초록색으로 테두리를 따라 덧그립니다. 주로 아래쪽이나 오른쪽 방향의 테두리를 따라 덧그려주면 자연스럽습니다. 이 방법이 가장 쉬우면서도 간단하게 그림에 숨을 불어 넣어주는 채색 기법입니다.

사인펜 채색 방법 2

비슷한 계열의 색 3가지를 선택해 색의 변화가 나타나도록 표현하는 그라데이션을 넣는 방법입니다. 고른 색 중 가장 진한 색을 칠하고자 하는 면의 3분의 1 정도 되는 부분까지 칠해주세요. 다음으로 중간 단계의 색을 이어서 칠하되 진한 색과 연결되는 부분을 문질러 색을 퍼뜨리면서 섞이는 효과가 나도록 합니다. 이어서 3분의 2 정도 되는 부분까지 연결해주세요. 마지막으로 같은 방법을 활용하여 연한 색으로 경계 부분을 문지른 후에 남은 부분을 모두 채우면 3단계의 그라데이션 표현이 가능합니다.

사인펜 채색 방법 3

사인펜을 짧게 또는 길게, 가로 또는 세로 방향으로 끊어가며 칠하는 방법입니다. 연한 색으로 먼저 전체적인 부분을 짧게 끊어가며 흰 바탕이 보이도록 채색합니다. 그 위로 중간이나 진한 색을 짧게 끊어가며 덮어줍니다. 흰 바탕을 채운다는 느낌으로 채색하면 됩니다. 이 방법은 상황에 따라 다양하게 활용할 수 있는데요. 부분을 짧게 나눠가며 채색할 수도 있습니다. 이때 연한 색과 진한 색을 번갈아 쓰며 경계 부분을 자연스럽게 만들어주면 좋습니다. 또한 가로나 세로 방향이 아닌 동그란 부분도 원 모양으로 끊어가며 채색할 수 있습니다.

사인펜 채색 방법 4

하나의 색을 이용해 여러 번 덧칠하는 방법입니다. 전체적으로 그림을 모두 채색한 뒤, 조금 마르면 한쪽 테두리만 여러 번 덧칠해서 진하게 만들 수 있습니다.

사인펜 채색 방법 5

크기가 작은 그림이라면 점을 찍어서 표현하는 방법도 있습니다. 비슷한 계열의 3가지 색을 선택합니다. 먼저 중간 색을 사용하여 전체적으로 흰 바탕이 보이도록 작은 점을 찍어 면을 채웁니다. 이때 너무 세게 콕콕 찍으면 펜촉이 망가지므로 주의하세요. 다음으로 연한 색을 사용하여 아래를 조금 남기고 흰 바탕을 채우며 점을 찍습니다. 마지막으로 진한 색을 사용하여 흰 바탕의 남은 부분을 채우며 점을 찍습니다. 이때 경계 부분보다 조금 더 위쪽까지 색을 찍어 자연스럽게 연결되도록 표현합니다.

사인펜 채색 방법 6

　펜을 90도 가까이 세워서 얇은 선이 나타나도록 채색하는 방법도 있습니다. 2가지 색을 연한 색과 진한 색의 순서로 사용하여 채색합니다. 힘을 빼고 최대한 얇게 그려보세요. 좁고 가느다란 면적이나 나뭇잎의 잎맥을 살리며 칠할 때 좋습니다.

　소개해드린 다양한 채색 기법을 활용하여 채색해 보세요. 훨씬 풍성하고 다채로운 작품을 만들 수 있을 것입니다.

활동 순서

　여름 글씨 디자인하기 활동을 위해 활동지를 준비합니다. 활동지는 2장으로 구성되어 있습니다. 한 장에는 글씨가 2개씩 들어 있으므로, 학생 2명에게 나눠줄 수 있습니다. 꾸밈 장식용 활동지는 6개 종류가 있으므로 학생들이 선택해서 사용할 수 있습니다. 또한 꾸밈 장식 활동지의 여백을 활용하여 학생들이 직접 여름과 관련한 이미지를 그려서 활용할 수 있습니다.

❶ 글씨 디자인하기

　글씨 부분에 여름 이미지를 넣어 디자인해 보겠습니다. 학생들이 다양한 생각을 떠올릴 수 있도록 여름과 관련한 다양한 이미지를 보여주거나 디지털 매체를 활용하여 직접 탐색해보도록 합니다.

　글씨 부분을 어떻게 디자인하고 싶은지 정했다면, 여름의 느낌이 표현되도록 글씨를 디자인합니다. 연필로 밑그림을 그리고 채색해도 좋고, 바로 채색 도구를 활용해 표현해도 좋습니다. 디자인을 시작하기 망설이는 학생이 있다면 예시를 보여주는 것도 도움이 됩니다.

2 여름 글씨 채색하기

글씨 전체가 하나의 이미지가 되도록 디자인했다면 채색합니다.

3 꾸밈 장식 채색하기

여름 이미지들이 그려진 꾸밈 장식활동지도 채색합니다.

4 가위로 자르기

채색이 모두 끝나면 활동지의 그림들을 가위로 자릅니다.

❺ OHP 필름에 붙이기

자른 글씨와 그림들을 OHP 필름 위에 놓아봅니다. 적절한 위치를 잡으면 꼼꼼하게 풀칠해서 붙입니다. 풀칠을 할 때는 아래에 이면지를 까는 것이 좋습니다. 또한 꼼꼼한 풀칠 습관을 기르기 위해 마르기 전에는 색이 보이고 마른 후에는 투명해지는 풀을 활용하는 것도 추천합니다.

그림을 모두 붙인 후에는 바로 게시하지 않고 두꺼운 책 아래에 하루 정도 보관하는 것이 좋습니다. 종이에 묻은 풀이 마르면서 작품이 말리거나 휘는 현상을 방지할 수 있기 때문입니다.

완성된 작품은 창문에 붙여 게시하면 멋진 여름 교실을 꾸밀 수 있습니다. OHP 필름을 활용한 작품은 OHP 필름 특유의 투명함으로 인해 종이로만 표현한 작품에서는 느낄 수 없는 청량한 느낌을 받을 수 있습니다. 창문에 붙이면 그 효과가 배가 되죠.

OHP 필름을 활용한 작품을 창문에 붙일 때 테두리에 풀칠을 하여 붙이면 테이프 자국을 걱정할 필요가 없어 좋습니다. 작품을 떼어낸 후에 남은 풀 자국은 물을 듬뿍 적신 손걸레나 키친타월로 쉽게 닦아낼 수 있습니다. 마른 수건으로 마무리까지 한다면 얼룩 없이 깨끗한 창문을 유지할 수 있습니다. 학생들과 함께 힘을 모아 정리하면 더욱 좋겠지요.

여름 글씨 디자인을 창문에 붙여 꾸미면 투명한 배경에 알록달록한 여름 그림들이 돋보이는 환경을 만들 수 있습니다.

99

활동 2

수박 모빌

준비물

채색 도구
사인펜, 마카, 매직,
색연필, 흰색 젤 펜 등

활동지
120g 두께의
A4 용지에 인쇄

가위, 풀

여름과 관련한 심미적 감성을 길러주고, 전시 활동을 통해 교실을 아름답게 꾸밀 수 있는 수박 모빌 만들기입니다. 여름 과일을 탐색해보고, 수박으로 범위를 좁혀 자신의 경험을 떠올릴 수 있도록 합니다. 자신의 경험을 살려 모빌의 형태로 작품을 완성해 보세요.

활동 순서

1 글씨 디자인하기

활동지의 여름 글씨 안에 여름 이미지가 나타나도록 디자인을 합니다.

2 활동지 꾸미기

수박 모빌 활동지 2장 모두 예쁘게 색칠하고 꾸밉니다.

3 테두리를 따라 자르기

색칠이 끝난 그림들을 모두 자릅니다. 모빌 끈은 3개로 나눠주세요. 막대 사이가 좁으므로 손을 다치지 않도록 가위질에 주의하세요.

❹ 글씨 지지대 만들기

글씨 지지대부터 만들어 보겠습니다. 지지대 만들기는 입체로 표현할 때 자주 나오는데요. 처음 이 과정이 나올 때 주의 깊게 지도하면 이후의 활동에서 학생들이 스스로 잘 해결하는 모습을 볼 수 있습니다. 지지대를 접을 때는 접는 선을 따라 꼼꼼하게 접어주세요. 대충 접으면 모양이 제대로 나오지 않고, 입체 효과도 떨어집니다.

접는 선을 꼼꼼하게 잘 접은 후, 붙이는 면과 반대쪽 끝이 겹쳐지도록 풀로 붙입니다. 풀칠을 마친 후에는 풀이 잘 말라 붙도록 3~5초간 잘 잡고 기다려주세요.

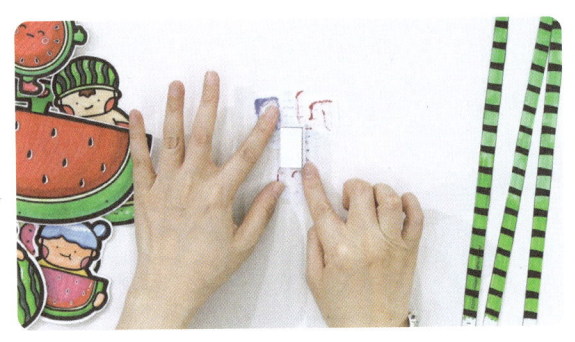

❺ 글씨 뒷면에 지지대 붙이기

글씨 지지대가 완성되면 여름 글씨 뒷면에 붙입니다.

❻ 수박 위에 글씨 붙이기

지지대를 붙인 여름 글씨를 모빌 몸통이 되는 큰 수박 가운데에 붙여 입체감을 살립니다.

7 모빌 끈 붙이기

수박 모빌 몸통의 별 표시가 있는 위치에 맞춰 모빌 끈을 붙입니다. 모빌 끈의 별 표시가 있는 부분에만 풀칠해서 뒤쪽으로 붙이면 됩니다. 이때 양쪽 모빌 끈은 옆으로 너무 벌어지지 않도록 주의해서 붙입니다.

8 모빌 끈 위에 꾸밈 장식 붙이기

모빌 끈 위로 꾸밈 장식을 붙입니다. 큰 장식과 작은 장식을 적절히 놓아 서로 겹치지 않도록 배치한 다음 풀로 붙여 고정합니다. 모빌 끈 끝의 빗금 표시가 있는 부분에는 마지막 장식을 붙입니다. 모빌 끈의 끝부분이 보이지 않도록 주의하고, 장식을 끈에 고정할 때는 모빌 끈에 풀칠해서 붙입니다. 모든 장식을 붙이면 수박 모빌 완성입니다.

교실에 어울리는 곳을 찾아 게시하고 초록으로 물드는 교실을 만들어보세요. 교실 창가나 천장에 매달아두는 과정을 통해 생활 속 작품 활용 방법을 익힐 수 있습니다.

활동 3

바다 터널

준비물

채색 도구
사인펜, 마카,
색연필, 흰색 젤 펜 등

활동지
120~160g 두께의
A4 용지에 인쇄

OHP 필름

가위, 풀

유성 매직

105

시원한 바다와 바닷속 생물들을 활용한 바다 터널 만들기입니다. 이 활동에서는 OHP 필름에 유성 매직으로 채색하는 활동이 있습니다. 표현 재료와 용구의 물성을 감각적으로 익히고 체험하는 활동은 학생들의 감수성을 발달시키는 중요한 경험입니다. OHP 필름 위에 유성 매직으로 채색하는 과정을 통해 새로운 표현 재료와 용구를 경험함으로써 학생들의 미적 경험을 확장하고, 나아가 앞으로의 활동에서 자신의 느낌이나 생각을 자유롭게 표현할 수 있도록 합니다.

1 OHP 필름에 그림 인쇄하기

활동지 2장 중 바다 터널 그림은 OHP 필름에 인쇄하여 준비합니다. OHP 필름에 그림을 인쇄할 때는 한 번에 몽땅 넣고 인쇄하기보다, 프린터나 복사기에 넣기 전 OHP 필름을 한 장씩 떼어 분리해준 뒤 3~5장 정도만 넣고 소량씩 인쇄하는 것이 좋습니다.

또한 프린터 사양에 맞는 OHP 필름을 준비해야 합니다. 잉크젯용과 레이저용이 따로 있으므로 꼭 확인해야 합니다.

② 바다 터널 그림을 유성 매직으로 채색하기

OHP 필름에 인쇄된 바다 터널 그림을 유성 매직으로 채색합니다. 유성 매직은 종이 위에 칠할 때는 색이 섞이지 않지만, OHP 필름 위에 칠할 때는 색이 섞이는 효과를 볼 수 있습니다. 따라서 이러한 성질을 이용하여 채색하면 훨씬 생동감 있는 표현이 가능합니다.

③ 터널 바닥과 사람 채색하기

유성 매직 외 다른 채색 도구들을 사용하여 터널 바닥과 사람도 채색합니다.

④ 활동지 자르기

채색이 끝나면 2장의 활동지를 테두리를 따라 자릅니다.

107

5 터널 바닥 자르기

터널 바닥은 반으로 접어 실선 부분만 가위로 자르세요.

6 접은 부분 펴기

접었던 부분을 펼치면 안쪽에 길게 생긴 틈을 확인할 수 있습니다.

7 바다 터널의 양옆 안쪽으로 접기

이제 바다 터널의 양옆을 안쪽으로 접습니다. 이때 OHP 필름은 종이보다 뻣뻣하므로 접는 선에 잘 맞춰 접은 후 손톱 다림질로 꾹꾹 눌러주거나 자를 이용해 접은 선을 힘있게 그어주면 좋습니다.

8 풀칠로 바닥 연결하기

접은 부분에 풀칠을 하여 터널 바닥과 연결합니다.

9 고정하기

한 쪽씩 잘 맞춰서 꼭꼭 눌러주세요. 잘 붙을 때까지 잠시 손으로 잡고 기다립니다.

10 터널 모양 잡아주기

다른 쪽 끝도 붙여주면 둥근 터널 모양이 완성됩니다. 이때도 접힌 선을 눌러주면 터널 모양이 훨씬 잘 나옵니다.

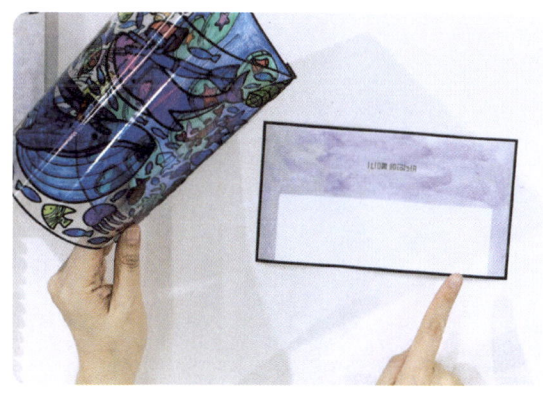

11 회색 부분에 풀칠해서 바닥 면 덧붙이기

바닥 지지대의 회색 부분에만 풀칠을 하여 바닥 면에 덧붙입니다.

⑫ 사람 그림 접었다 펼치기

사람 그림의 접는 선을 따라 안쪽으로 접었다가 펼쳐서 'ㄴ'자 모양이 되도록 만듭니다.

⑬ 바닥 틈새로 사람 끼워 넣기

 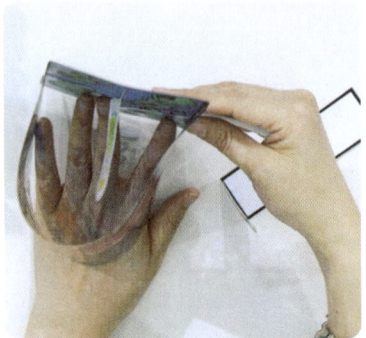 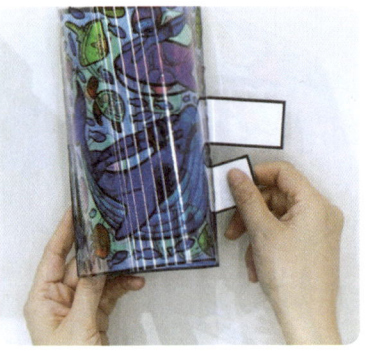

바닥의 틈새로 사람을 끼워 넣으면 완성입니다. 사람 지지대를 잡고 움직이며 바닷속 탐험 놀이를 해보세요. 학생들이 직접 바다를 탐험하는 기분을 느낄 수 있습니다.

7월의 추천 미술 활동을 통해 주변 환경을 탐색하고 시각화하여 이미지로 표현하는 수업을 진행해 보세요.

8월
장마와 여름 방학 즐기기

절기상 6월부터 8월까지는 여름에 해당합니다.
여름은 뜨거운 날씨도 떠오르지만,
다른 계절에 비해 비가 많이 내리기 때문에 장마철도 떠오릅니다.
또한 여름철에 왕성하게 활동하는 여름 곤충들을
탐색하기에도 좋은 시기입니다.
또 학교마다 조금씩 차이가 있지만,
8월 중순부터는 많은 학교가 개학을 시작합니다.
따라서 이번 달에는 장마철, 여름 곤충,
개학과 관련된 활동으로 구성해보았습니다.

활동 1

장마철 장화

준비물

채색 도구
사인펜, 마카, 매직,
색연필, 흰색 젤 펜 등

활동지
150~160g 두께의
A4 용지에 인쇄

가위, 풀

먼저 비, 장마, 태풍 등 8월의 날씨와 관련한 경험을 떠올려봅니다. 비가 오는 날 필요한 물건 중 장화를 입체적으로 만들고 자신의 경험을 담아 창의적으로 표현해보는 장화 만들기 활동을 준비했습니다.

활동 순서

활동지를 준비합니다. 활동지는 2장이며 자유형과 여아·남아용이 있습니다. 학급과 학년 상황에 맞춰 적절하게 활용해 보세요.

1 활동지 꾸미기

활동지 안에 있는 장화의 무늬를 디자인합니다. 장마에서 연상되는 디자인으로 해도 좋고, 내가 좋아하는 캐릭터나 신고 싶은 장화의 무늬 등을 떠올려보고, 스케치하여 디자인해도 좋습니다.

장화의 무늬를 디자인할 때는 연필로 스케치하고, 네임펜으로 선을 딴 후 지우개로 연필선을 지워 정리하는 방법으로 진행할 수도 있고요. 채색 도구를 이용해 바로 무늬 넣기를 진행할 수도 있습니다. 학생이 세운 디자인 계획에 맞춰 적절한 방법을 선택할 수 있도록 지도해 주세요. 더불어 우비 입은 아이도 꾸며줍니다.

❷ 꾸미기 펜 활용하기

채색 마무리 단계에서 꾸미기 펜을 사용하면 작품의 완성도를 높일 수 있습니다. 흰색 젤 펜을 사용해서 작품 마무리 단계에서 포인트를 주도록 지도해 주세요. 이때 펜촉이 너무 얇으면 잘 표현되지 않으므로 펜촉 두께가 0.8mm 이상인 제품을 사용합니다. 흰색 젤 펜은 유분기가 많은 색연필 위로는 잘 그려지지 않습니다. 그래서 사인펜이나 마카로 채색한 그림 위에 주로 사용합니다.

가장 간단한 꾸미기는 강조하고 싶은 부분에 작은 동그라미를 그려 반짝이는 효과를 주는 것입니다. 느낌표 모양으로 빛을 받는 모습을 표현할 수도 있습니다. 채색한 결을 따라 그리며 포인트를 줄 수도 있어요. 그림의 검은 윤곽선을 따라 덧그려줘도 예쁘게 표현됩니다. 크기가 다른 동그란 점을 3개씩 모아 그려주면 포인트가 됩니다. 별 모양이나 반짝이는 모양을 그려줄 수도 있어요. 세로나 가로 방향의 그림에 맞춰 결을 따라 고르게 빛나는 부분을 표현하는 방법도 있습니다. 인내심을 가지고 천천히 꾸며주면 작품의 완성도가 훨씬 높아집니다.

펜이 잘 나오지 않을 때는 아래로 흔들어서 중간의 공기 방울을 없애고, 여분의 종이에 동글동글 굴려 가며 잘 나오는지 확인해 주세요. 흰색 젤 펜은 마르고 나면 훨씬 색이 짙어져 예뻐집니다. 흰색 젤 펜을 메인 채색 도구로 활용해 검정 종이에 일러스트를 그려 작품을 만들 수도 있습니다.

다양한 채색 도구와 채색 기법을 활용해 채색한다면 작품이 훨씬 다채롭고 풍성해집니다.

3 테두리를 따라 자르기

채색이 모두 끝나면 활동지의 그림들을 가위로 자릅니다. 꾸밈 장식은 흰색 테두리를 살짝 남기고 자르면 훨씬 깔끔해 보입니다.

4 접는 선을 따라 안쪽으로 접기

장화의 가운데 접는 선을 따라서 안쪽으로 접으세요. 색칠한 면이 안쪽으로 들어가도록 접습니다.

5 둥근 선 모양을 따라 꼬집듯이 접기

다음으로 앞쪽의 둥근 선 모양을 따라 손으로 조금씩 꼬집듯이 바깥쪽으로 접습니다. 천천히 조금씩 선 모양대로 따라가며 접어 주세요.

6 접는 선을 따라 바깥으로 접기

이제 앞쪽의 반듯한 접는 선을 따라 바깥쪽으로 접으세요.

7 장화 모양으로 둥글게 말기

앞부분의 접기가 모두 끝나면 반으로 접은 상태에서 양손으로 잘 잡고 장화 모양이 되도록 둥글게 말아봅니다.

8 말아 붙인 후 모양 잡기

장화의 앞코 부분이 아래로 내려오며 장화 모양이 만들어집니다. 그림과 같은 모양이 되도록 장화 발목 부분의 붙이는 면에 풀칠해서 둥글게 말아 붙여주세요. 그리고 장화의 접혀 있는 발목 부분을 손으로 잘 다듬어 모양을 잡아주세요.

9 실선을 따라 자른 후 꺾어 붙이기

장화 앞코 부분의 실선을 따라 자른 후에는 붙임 부분에 풀칠을 하고, 'ㄱ'자 모양이 되도록 꺾어서 붙입니다. 반대쪽도 똑같이 해주세요.

10 다른 한 짝의 장화 만들기

같은 방법으로 다른 한 짝의 장화도 만들면 장화 한 켤레가 완성됩니다.

11 장화 손잡이 붙이기

장화 손잡이를 반으로 접어 안쪽에 풀칠을 하여 장화 두 짝을 붙여주세요. 그리고 사이에 손잡이를 넣어 고정합니다.

⑫ 장화 양쪽 바닥에 그림 붙이기

물방울이 튀는 그림 끝의 접는 선을 접어 장화 양쪽 바닥에 붙이세요.

⑬ 꾸밈 장식 배치하고 붙이기

장화 위에 꾸밈 장식을 붙여 완성합니다.

여름철 기억의 하나인 장마! 비가 오는 날의 장화를 입체적으로 만들고 자신의 경험을 담아 창의적으로 표현해 보세요.

활동 2
사슴벌레 꾸미기

채색 도구
사인펜, 마카, 매직,
색연필, 흰색 젤 펜 등

활동지
150~160g 두께의
A4 용지에 인쇄

가위, 풀

여름 곤충들을 탐색해보고, 사슴벌레와 장수풍뎅이 중 원하는 곤충을 골라 나만의 스타일대로 자유롭게 발상해볼까요? 이때 추천하는 활동은 창의적인 패턴을 넣어 디자인해보는 [사슴벌레 꾸미기]입니다. 패턴을 넣어 꾸미는 과정을 통해 조형 요소나 조형 원리를 탐색하고 시각적 특징을 살려 주제와 어울리게 표현하는 방법을 지도해 보세요.

활동 순서

먼저 사슴벌레를 비롯한 여름 곤충의 모습을 디지털 매체를 활용해 탐색하며 시각적 특징을 이해하는 시간을 갖습니다. 그리고 이 과정에서 떠오르는 느낌과 생각을 시각화하여 사슴벌레 몸통 디자인을 어떻게 표현할지 계획을 세우고, 학생 수준에 맞는 활동지를 준비합니다.

1 활동지 꾸미고 자르기

2장으로 구성된 활동지 중 먼저 배경 도안을 색칠합니다. 채색 도구를 자유롭게 활용하여 여름 숲의 느낌이 나도록 채색해 봅니다. 다음으로 사슴벌레 몸통은 칸마다 다른 패턴을 넣어 멋지게 꾸며줍니다. 흰색 젤 펜이나 검은색 네임펜 등 다양한 채색 도구를 활용해 자신만의 패턴을 완성합니다.

채색이 끝나면 활동지 중 사슴벌레 몸통 부분이 있는 활동지만 자릅니다.

❷ 흰색 실선을 따라 가위집 내기

몸통 안쪽에 보이는 흰색 실선을 따라 가위집을 내주세요. 총 일곱 군데의 흰색 실선 부분을 찾아 빠뜨리지 말고 가위집을 냅니다.

❸ 접는 선을 따라 접었다 펴기

사슴벌레 몸통 안쪽의 접는 선을 모두 접었다 펴주세요. 가위집을 냈던 곳의 접는 선도 빠뜨리지 말고, 꼼꼼하게 모두 접습니다. 접는 선을 꼼꼼하게 잘 접어줘야 사슴벌레의 몸통 모양이 예쁘게 잘 잡힙니다.

❹ 가위집 부분을 풀칠해 붙이기

가위집을 냈던 곳에 풀칠해서 옆면과 이어붙입니다. 모두 일곱 군데입니다.

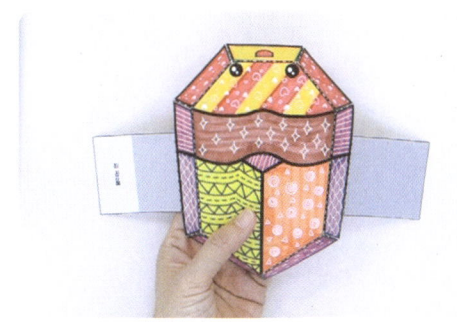

❺ 입체적인 몸통 만들기

돌려가며 꼼꼼하게 모두 붙였다면 입체적인 몸통 모양을 만들어주세요.

6 지지대가 서로 만나도록 붙이기

몸통 옆에 붙은 지지대가 서로 만나도록 붙입니다. 이때 너무 잡아당기지 말고, 사슴벌레 몸통 모양이 자연스럽게 유지되도록 끝부분의 붙이는 면만 겹쳐서 붙여야 합니다.

7 몸통 부분 완성하기

사슴벌레 몸통 부분이 완성되었어요.

8 배경 도안에 붙이기

배경 도안에 사슴벌레 몸통을 붙여주면 완성입니다. 몸통 바닥의 지지대에 풀칠해서 붙여주세요. 이때 아래로 살짝 손을 넣어 붙여주면 쉽고 단단하게 붙일 수 있습니다.

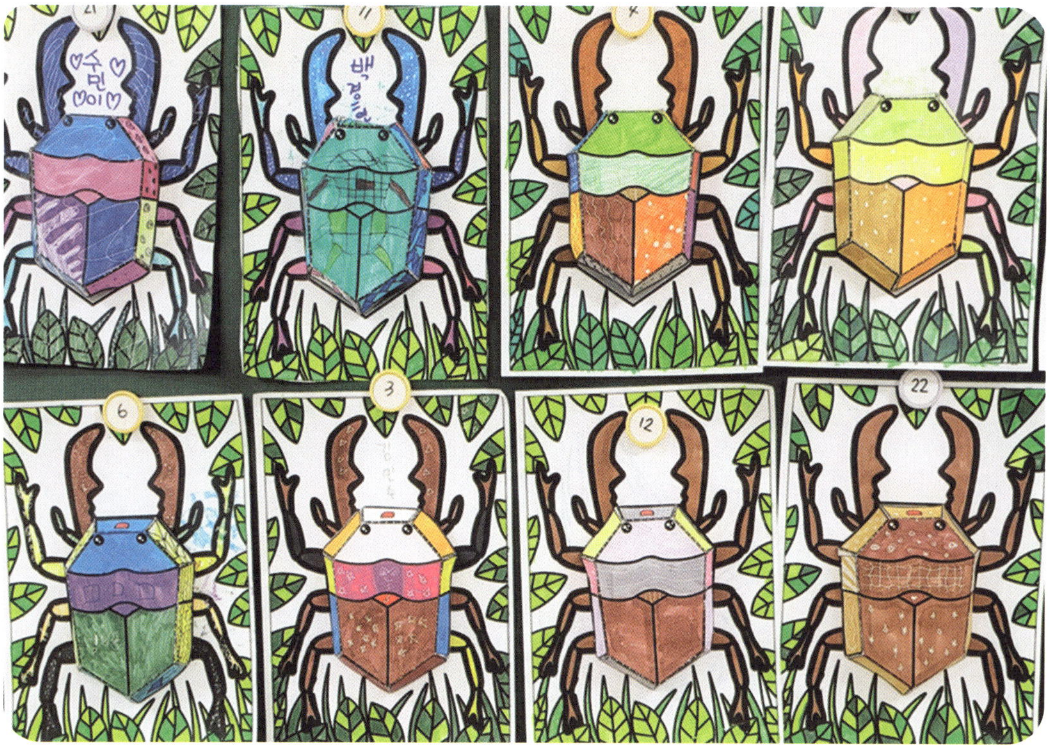

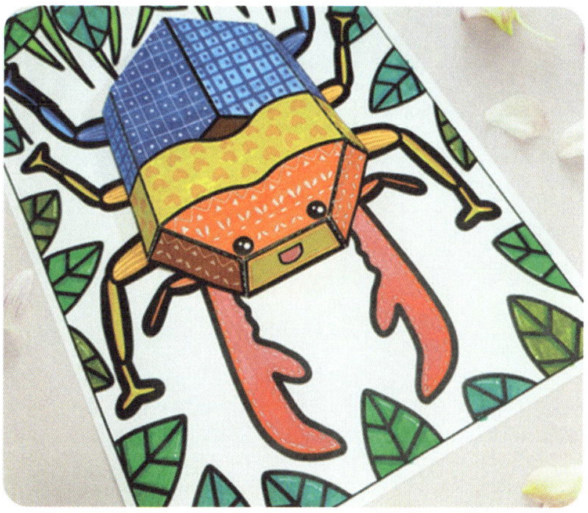

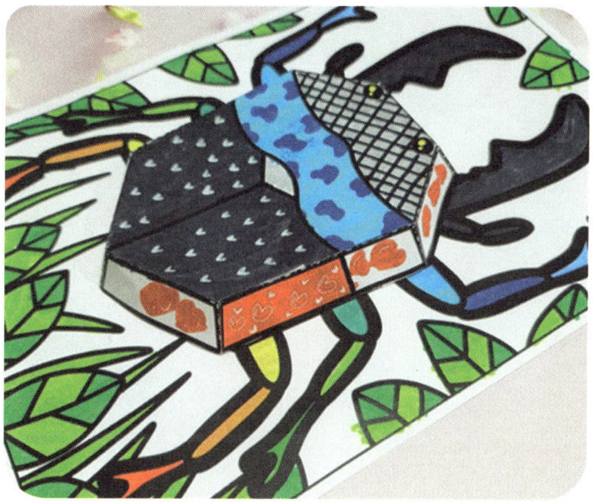

나만의 창의적인 패턴이 가득 담긴 사슴벌레 꾸미기가 완성되었습니다. 장수풍뎅이 활동지도 사슴벌레 만드는 방법과 똑같습니다.

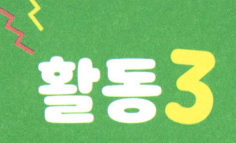

이야기 가게

준비물

채색 도구
사인펜, 마카, 매직,
색연필, 흰색 젤 펜 등

활동지
120g 두께의
A4 용지에 인쇄

가위, 풀

방학을 마치고 다시 만난 친구들과 방학 동안 있었던 일을 나누고 작품으로 만들어보는 2가지 활동입니다. 방학 동안 경험했던 일을 떠올리며 작품을 먼저 만든 후, 내가 만든 작품을 활용하여 친구들과 이야기를 나눠보는 순서로 진행할 수 있습니다. 국어 교과와 통합하여 활용하기에도 좋은 활동입니다. 방학 생활을 떠올려 친구들과 경험을 나누고 자신의 생각이나 느낌을 표현하는 부분에 수업 목표를 두고 진행합니다.

활동 순서

1 활동 소개하기

화분을 잡아당기면 자신의 방학 이야기가 담겨 있는 부분이 보입니다. 오늘의 활동을 학생들에게 소개하며, 수업 목표를 되새깁니다.

2 활동지 꾸미고 가위집 내기

활동지 채색 후, 화분이 들어갈 부분만 반으로 살짝 접어 가위집을 냅니다.

③ 화분을 넣고 받침대 붙이기

가위집을 낸 곳에 화분을 꽂아 넣고, 빠지지 않도록 화분 아래쪽에 받침대를 붙여주세요.

④ 친구와 이야기 나누기

화분을 하나씩 뽑으며 친구와 방학 동안 있었던 일을 나눠보세요.

친구들과 방학 동안 있던 일을 나누며 서로의 경험과 생각이 달라도 존중하고 이해할 수 있는 시간을 가집니다. 나만의 이야기를 담은 활동을 통해 활기차고 따듯한 2학기의 시작을 맞이하기 바랍니다.

◆ 선택 활동 ◆ **방학 이야기를 들려줘!**

01. 활동 소개하기
방학 이야기가 담겨 있는 카세트 테이프가 꽂혀 있습니다.

02. 라디오 만들기
삼각형 모양으로 라디오를 만들어 세웁니다.

03. 카세트테이프 꽂기
가운데 가위집을 내서 카세트테이프를 꽂아줍니다.

04. 친구와 이야기 나누기
카세트테이프를 하나씩 뽑으며 친구와 방학 동안 있었던 일을 나눠 보세요.

Part 3
사랑이 무르익는 가을 교실

9월
풍성한 한가위, 추석과 독서하기

무더위가 한풀 꺾이고 곡식이 무르익어 풍성해지며,
높은 하늘과 시원해진 공기로
마음마저 청량하게 만드는 가을의 입구입니다.
학생들은 민감한 태도로 계절의 변화를 탐색하고
주변 대상과 상호작용함으로써
대상에 의미를 부여하며 작품 활동을 할 수 있습니다.
특히 9월은 민족 대명절 중 하나인 추석이 있는 달입니다.
추석은 우리 학생들의 삶과 밀접하게 관련이 되어 있는 주제이므로
학생들이 주변 환경에서 찾은 감각적 특징이나
느낌, 생각 등을 관련지어 표현하기에 적합합니다.
타 교과와 융합하여 활동하기에도 좋은 주제입니다.

활동 1

추석 선물 세트

준비물

 **채색 도구**
사인펜, 마카, 매직,
색연필, 흰색 젤 펜 등

활동지
120~160g 두께의
A4 용지에 인쇄

 **가위, 풀**

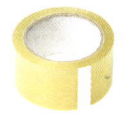 **투명 박스 테이프**

 **양면 테이프**

마카 채색 방법 알아보기

여러 가지 채색 도구 중 마카를 활용한 채색 방법을 알아보겠습니다. 마카는 알코올 성분이 섞여 있어 여러 번 문지르며 칠할 때 종이 아래로 색이 묻어 나와 책상에 색이 배어들 수 있습니다. 그래서 활동지 아래에 이면지나 두꺼운 종이를 대고 사용하도록 합니다. 저는 두꺼운 도화지나 검정 도화지를 마카판으로 사용하고 있으며, 한 학기 동안 마카나 매직을 사용할 때 계속해서 재사용하도록 지도합니다.

마카는 뚜껑으로 확인하는 색과 실제 색상이 차이가 있으므로 종합장 등을 옆에 두고 색상 테스트를 해보는 게 좋습니다. 마카는 굵은 촉과 얇은 촉이 펜 한 자루에 같이 있으므로 채색하고자 하는 면적에 따라 알맞게 사용할 수 있다는 장점이 있습니다. 사용 후에는 꼭 뚜껑을 닫아서 마르지 않도록 관리합니다.

저는 48색을 모둠별로 1세트씩 주고, 자주 쓰는 색을 보완하기 위해 기본 12색을 추가로 구비한 뒤 모둠 바구니에 담아 사용하게 합니다. 모둠 바구니에는 그 외에도 사인펜, 흰색 젤 펜, 24색 매직, 점보 사인펜, 컬러체인징 펜 등을 담아 미술 활동할 때 다양한 채색 도구를 쓸 수 있도록 제공합니다.

사인펜이나 색연필을 비슷한 색 계열끼리 분류해 본 것처럼 마카도 비슷한 색끼리 분류하는 활동을 사전에 시행해도 좋습니다.

마카 채색 방법 1

2~3가지 색으로 그라데이션 효과를 주는 방법입니다. 노랑 계열의 색을 2~3가지 고르고 먼저 진한 색으로 칠하고자 하는 면의 아래쪽을 일정한 방향으로 칠합니다. 그 위쪽으로 더 연한 색을 칠합니다. 연한 색으로 진한 색과 만나는 부분을 문지르듯 칠해서 색이 번지며 섞이도록 합니다. 색을 섞어준다는 느낌으로 칠하면 됩니다.

알코올 성분이 있어서 문지르며 칠하면 색이 번지는 것이 보입니다. 마카 제품이나 색상별로 색이 번지는 정도는 조금씩 차이가 있습니다.

중간 단계 색을 이용해 경계 부분에 한 번 더 색을 올려주면 훨씬 더 자연스럽게 표현됩니다. 진한 색과 연한 색을 번갈아 가며 사용해서 자연스럽게 만들어줄 수 있습니다. 색이 섞이고 마르면서 좀 더 자연스럽게 색의 변화가 나타납니다.

마카 채색 방법 2

한 가지 색을 이용해 색의 변화를 줄 수 있습니다. 초록색을 사용해 표지의 가운데 부분을 전체적으로 칠합니다. 색이 조금 마른 후 오른쪽 테두리 부분만 여러 번 덧칠해서 더 진하게 표현하면 됩니다.

마카 채색 방법 3

비슷한 계열의 2가지 색을 골라서 연한 색으로 전체를 칠하고, 진한 색으로 아래쪽 테두리만 따라 칠합니다. 이 방법은 사인펜으로 채색할 때와 마찬가지로 가장 기본적인 방법이므로 두루두루 쉽게 쓸 수 있습니다.

마카 채색 방법 4

연한 색과 진한 색을 각각 양 끝 쪽에서부터 가운데 쪽으로 칠합니다. 가운데 즈음에서 두 색이 만나도록 한 뒤, 연한 색이나 중간 단계의 색을 사용해 경계 부분을 문질러 색이 섞이도록 합니다.

진한 색이 조금 부족하다고 여겨진다면 다시 위에 올려 칠합니다. 2가지 색을 번갈아 가며 자연스럽게 표현하는 방법을 연습합니다. 더 진한 색을 사용해 끝부분만 조금 더 진하게 표현할 수 있습니다.

마카 채색 방법 5

진한 색을 테두리에 먼저 칠하고 연한 색을 이용해 경계를 문질러 칠하는 방법도 있습니다. 여러 번 문질러서 색을 퍼뜨려주세요. 연한 색과 진한 색을 번갈아 가며 자연스럽게 표현합니다.

활동 순서

1 활동지 꾸미기

활동지를 준비합니다. 활동지는 2장으로 구성되어 있습니다. 선물 세트의 표지와 속지는 예쁘게 채색합니다. 다른 활동지의 편지 도안의 왼쪽 그림은 예쁘게 색칠하고, 오른쪽에는 선물을 받는 사람에게 편지를 씁니다.

선물 세트 구성품은 6~7가지 정도만 선택해서 색칠합니다. 이때 선물의 이름이 없는 구성품은 직접 이름을 지어서 쓰고, 색칠하면 됩니다. 나뭇잎 장식은 2개 모두 합니다. 마카의 특징을 살려 여러 가지 방법으로 채색해 보세요.

2 테두리를 따라 자르기

채색과 내용 채우기가 끝난 2장의 활동지 그림을 모두 자릅니다.

3 접는 선을 따라 접기

표지 도안의 아래쪽 접는 선을 따라 접습니다.

4 속지와 겉지 붙이기

표지 아래에 속지를 잘 맞춰서 놓아주세요. 2장을 겹쳐서 뒤집어 놓고, 접은 부분을 풀로 붙여 표지와 속지를 연결합니다.

5 표지 뒷면에 편지 그림 붙이기

연결한 선물 세트를 펼쳐놓고, 표지 뒷면에 편지 그림을 붙입니다.

6 속지 위에 구성품 붙이기

속지 위에는 내가 고른 선물 구성품들을 붙입니다. 먼저 한 번 놓아보고 위치를 잡은 후, 풀로 붙여 고정합니다. 나뭇잎 장식도 붙여주면 기본 버전 선물 세트 완성입니다.

나만의 선물 세트를 만들고 주변의 소중한 사람에게 선물할 수 있습니다.

✦선택 활동✦ 추석 선물 세트 응용하기

01. 선물 세트 위쪽 코팅하기
선물을 붙였다 떼었다 할 수 있는 응용 버전을 만들기 위해 선물 세트 위쪽을 투명 테이프로 덮어서 코팅합니다. 선물이 붙을 자리를 테이프 코팅하는 것입니다. 이때 종이가 테이프에 먼저 달라붙지 않도록 테이프를 조금 뜯어 선물 세트 그림의 양쪽을 바닥에 고정하고 박스 테이프로 코팅하면 좋습니다.

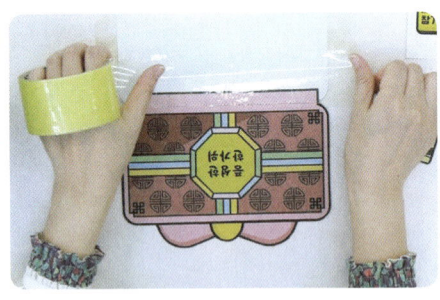

02. 선물 세트 뒷면 코팅하기
면적이 넓은 박스 테이프를 사용하면 좀 더 간편하게 코팅할 수 있습니다. 선물 세트의 뒷면도 테이프로 코팅합니다. 남는 선물을 보관할 자리입니다.

03. 테이프 정리하기
가장자리에 튀어나온 테이프는 가위로 잘라 정리합니다.

04. 선물 앞면 코팅하기
선물 앞면도 테이프로 코팅해 주세요. 선물 그림이 다 덮이도록 그림 위로 테이프를 붙입니다. 선물의 개수는 9~10개가 좋아요.

05. 테두리를 따라 자르기
테이프를 붙인 선물 그림의 테두리를 따라 자릅니다.

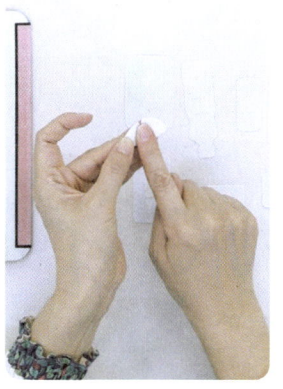

06. 선물 그림 뒤에 양면 테이프 붙이기
앞면이 코팅된 선물 그림 뒤에 양면 테이프를 작게 잘라 붙입니다. 테이프의 종이를 떼어낸 뒤, 손가락이나 손등에 붙였다 떼었다 하며 접착력을 살짝 약하게 만들어 선물 붙이는 곳에 붙여주세요.

07. 남는 선물은 뒷면에 보관하기
남는 선물은 선물 세트 뒷면에 붙여 보관하면 됩니다.

자유롭게 선물 구성을 바꾸며 놀 수 있는 추석 선물 세트 놀이가 된답니다. 선물 구성을 바꿔가며 가족이나 친구들에게 추석 메시지를 전해봐도 좋겠지요?

활동 2

다과상

준비물

채색 도구
사인펜, 마카,
색연필, 흰색 젤 펜 등

활동지
120~160g 두께의
A4 용지에 인쇄

가위, 풀

추석에 먹는 음식과 추석에 하는 전통 놀이인 강강술래를 주제로 한 활동입니다.

활동 순서

1 활동 소개하기

추석에 먹는 음식을 한 상 차림으로 꾸민 작품입니다. 활동지를 채색하고 잘라서, 상을 만들고 상 위에 음식을 붙여 완성합니다.

2 상 모양 만들기

상의 모서리 부분에 가위집을 내고 풀칠 부분에 풀칠한 뒤, 붙여서 상 모양을 만듭니다.

③ 지지대 만들어 붙이기

음식 지지대를 만들어 붙이면 입체감 있게 표현할 수 있습니다.

활동지 단계에 따라 좀 더 쉽게 완성할 수도 있습니다. 추석 명절에 대한 이해를 높이고, 자신의 주변 환경과 관련된 미술적 가치를 찾아보는 작품 활동이 될 것입니다.

✦ 선택 활동 ✦ 추석 강강술래 만들기

01. 활동 소개하기

추석에 하는 전통 놀이 중 하나인 강강술래를 간단한 작품으로 만드는 활동입니다.

02. 활동지 채색하고 붙이기

활동지를 채색하고 잘라서 보름달 배경판 앞쪽으로 산 풍경과 강강술래를 하는 아이들의 그림을 둥글게 입체적으로 붙여 완성합니다. 완성된 작품은 끈에 매달아 교실에 전시하면 추석 분위기를 낼 수 있습니다.

활동3

가을 독서 편지

준비물

채색 도구
사인펜, 마카, 매직,
색연필, 흰색 젤 펜 등

활동지
120~160g 두께의
A4 용지에 인쇄

가위, 풀

149

가을 독서 편지는 독서와 관련된 활동입니다. 독후 활동으로 좋은 작품이며 국어 교과와 연계하여 활용할 수 있습니다.

활동 순서

1 활동 소개하기

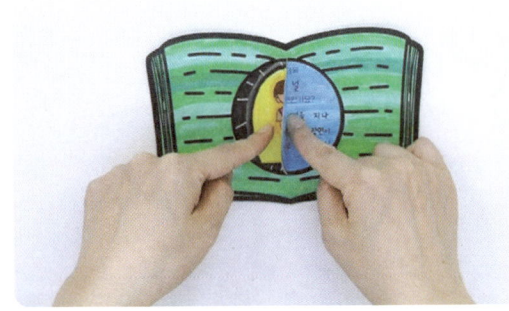 

활동지는 독서 버전과 자유 편지 버전이 있어 활동 목적에 맞게 선택할 수 있습니다. 독서 편지 활동지 중 하나의 원에는 자신이 읽은 책에서 인상 깊은 장면을 골라 그림으로 표현합니다. 다른 하나의 원에는 책의 제목과 인상 깊은 장면에 대한 설명을 적습니다. 그 장면이 왜 인상 깊었는지 이유도 함께 쓰도록 지도합니다. 내용을 채우면 채색하고 자른 뒤, 원 두 개를 반으로 접은 후 서로 이어 붙여 배경 그림 가운데 붙여 완성하는 활동입니다.

2 편지 쓰고 꾸미기

자유 편지 버전은 안쪽에 편지글을 쓰고 표지에 그림을 그린 뒤, 편지글 위로 표지를 붙여 간단하게 만들 수 있습니다.

완성된 독서 편지는 교실 거울 주변이나 학생들이 오가며 잘 읽어볼 수 있는 곳에 게시합니다. 서로의 생각을 비교하며 나와 생각이 다름을 존중하는 태도를 기를 수 있습니다.

10월
한글 사랑, 독도 사랑

10월에는 한글날, 개천절, 독도의 날과 같은 국경일과 기념일이 있습니다.
각각의 국경일과 기념일을 주제로 한 미술 활동을
타 교과와 융합하여 구상하고 지도할 수 있습니다.
한글날은 국어과나 사회과와 융합하여 한글 창제부터
한글의 과학적 원리, 세종대왕의 애민 정신 등에 대해 배우고
한글이 가진 미적 요소를 탐색하는 활동으로 확장합니다.
또한 한글이 디자인적으로 쓰인 주변의 사례를
스스로 찾아보고 다양하고 창의적인 작품 발상을 할 수 있도록 연결합니다.
개천절과 독도의 날 역시 국어과나 사회과와 융합하여
디지털 매체를 통해 그 의미를 탐색하는 과정을 갖습니다.
탐색 과정을 거쳐 국경일이나 기념일의 의미를 되새기며
미술 작품을 만들어 봅니다.

활동 1

한글 나무

준비물

채색 도구
사인펜, 마카, 매직,
색연필, 흰색 젤 펜 등

활동지
120~160g 두께의
A4 용지에 인쇄

OHP 필름

가위, 풀

끈

투명 테이프

먼저 한글의 자음과 모음이 가진 미적 아름다움을 작품으로 표현해보고, 각 자음과 모음에 알맞은 어휘를 고르고 시각적 이미지로 나타내는 활동입니다.

활동 순서

1 활동 준비하기

활동지는 1장으로 구성되어 있으며, 자음 14개와 모음 10개가 있습니다. OHP 필름에 잘라 붙이는 기본 활동지와 잘라 붙이지 않고 채색만 해서 완성하는 형태의 활동지가 있습니다. 자음과 모음이 겹치지 않도록 학생들에게 골고루 나누어주면 다양한 작품이 나올 수 있으니 학급 상황에 맞춰 미리 준비합니다.

2 활동지 꾸미기

활동지의 화분 그림에 특정 한글 자음 또는 모음이 들어가는 낱말을 생각해서 쓰고, 그림으로 표현합니다. 해당하는 자음 또는 모음을 낱말에서 다른 색깔로 표시하면 더 좋아요. 낱말을 그림으로 표현할 때는 연필로 스케치한 뒤 검은색 네임펜으로 선을 따고 지우개로 연필선을 깨끗이 지워 정리합니다. 화분 그림을 색칠한 뒤 왼쪽 네모칸에 자신의 이름을 쓰도록 합니다. 낱말과 그림 예시를 보겠습니다.

3 글자 꾸미기

자음 또는 모음 글자 그림 안에 무늬를 넣어 예쁘게 꾸밉니다. 검은색 네임펜이나 흰색 젤 펜 또는 사인펜을 이용해 글자의 안쪽 공간에 반복적인 무늬를 그려 넣도록 지도해 주세요.

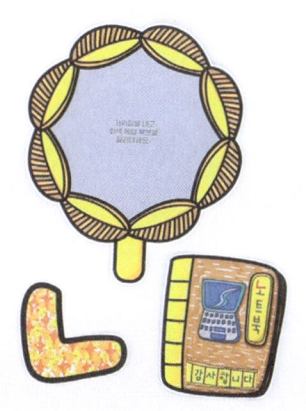

4 나무 테두리 꾸미고 자르기

나무 테두리를 색칠하고 꾸며주세요. 사인펜이나 마카로 채색하면 꾸미기 펜을 쓰기 좋습니다. 흰색 젤 펜이나 검은색 네임펜을 활용하여 꾸미기 무늬를 넣도록 합니다. 채색이 끝나면 모두 자르세요.

5 가위집 내서 회색 부분 자르기

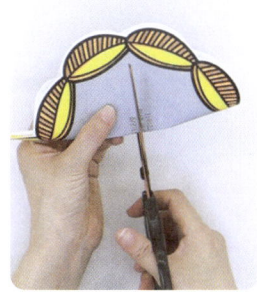 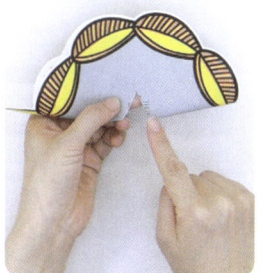 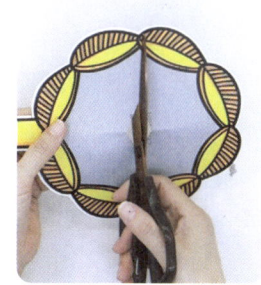 

화분 그림 조각 가운데를 손으로 살짝 접은 뒤 가위집을 냅니다. 가위집은 일자로 자르거나 세모 모양으로 자릅니다. 가위집 사이로 가위를 넣어 회색 부분을 잘라냅니다. 가위집을 세모 모양으로 잘라주면 구멍이 크게 생겨 학생들이 좀 더 쉽게 안쪽 테두리를 자를 수 있습니다.

6 OHP 필름 위에 그림 붙이기

OHP 필름을 준비합니다. 나무 테두리 그림을 위쪽에 놓고, 그 아래쪽으로 화분 그림을 놓습니다. 나무 테두리 가운데에는 자음 또는 모음 글자를 놓습니다.

　나무 테두리 먼저 붙이고, 나무 기둥 아래쪽을 살짝 가리면서 화분 그림을 붙이세요. 나무 테두리 가운데 자음 또는 모음 글자까지 붙입니다.

7 테두리를 따라 OHP 필름 자르기

OHP 필름에 붙인 한글 나무의 테두리를 따라 가위로 잘라주세요. 이때 그림 테두리를 바짝 자르는 것이 아니라, OHP 필름의 여백을 조금 남기고 잘라줘야 합니다.

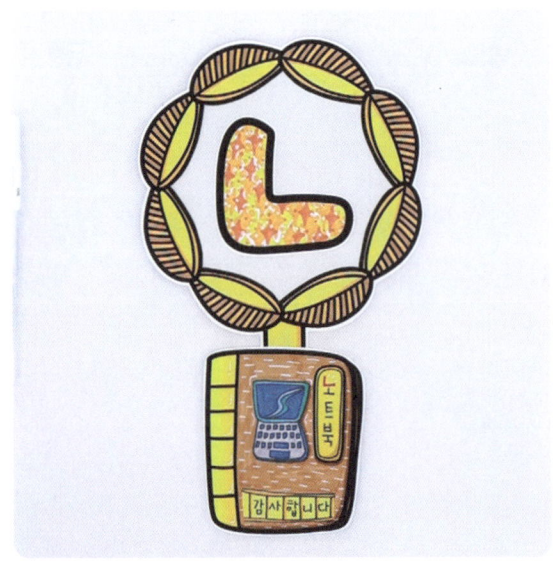

8 완성하기

테두리를 따라 전부 자르면 한글 나무 완성입니다.

　완성된 한글 나무는 창문에 붙여 전시하거나 창틀에 주렁주렁 붙일 수 있습니다. 또 끈에 매달아 전시할 수도 있습니다. OHP 필름을 활용한 작품은 투명한 배경이 가진 특징 때문에 이렇게 창문에 붙여 전시할 때 가장 효과적입니다.

　한글 나무처럼 OHP 필름 위에 작품을 붙여 완성한 경우, 창문에 전시할 때 풀로 붙여 전시하면 좋은데요. 작품 테두리에 풀칠해서 창문에 붙입니다. 작품을 떼어내고 창문에 남은 풀 자국은 주방 티슈나 행주에 물을 듬뿍 적셔 닦아낸 뒤 마른 행주나 수건으로 물기를 제거하면 흔적 없이 쉽게 정리할 수 있답니다.

활동 2

한글 리스

준비물

| 채색 도구 | 활동지 | 가위, 풀 | 끈 | 투명 테이프 |

채색 도구
사인펜, 마카, 매직, 색연필, 흰색 젤 펜 등

활동지
120~160g 두께의 A4 용지에 인쇄

가위, 풀

끈

투명 테이프

자신의 느낌과 생각을 시각화하여 한글 자음을 창의적으로 디자인한 뒤, 전체적인 조형을 생각하며 자음들을 이어붙여 걸어둘 수 있는 형태의 리스를 만드는 활동입니다.

활동 순서

1 활동지 선택하기

활동지는 한글 자음의 윤곽선만 있는 것과 무늬가 전부 그려진 것으로 준비되어 있어 학생 개인차에 따라 맞춤 제공할 수 있습니다. 활동 수준이 높은 학생들에게는 활동지 없이 A4 한 장을 16칸으로 나눈 후, 직접 자음 윤곽선부터 스스로 계획하여 그려보도록 지도할 수 있습니다.

2 활동지 꾸미고 자르기

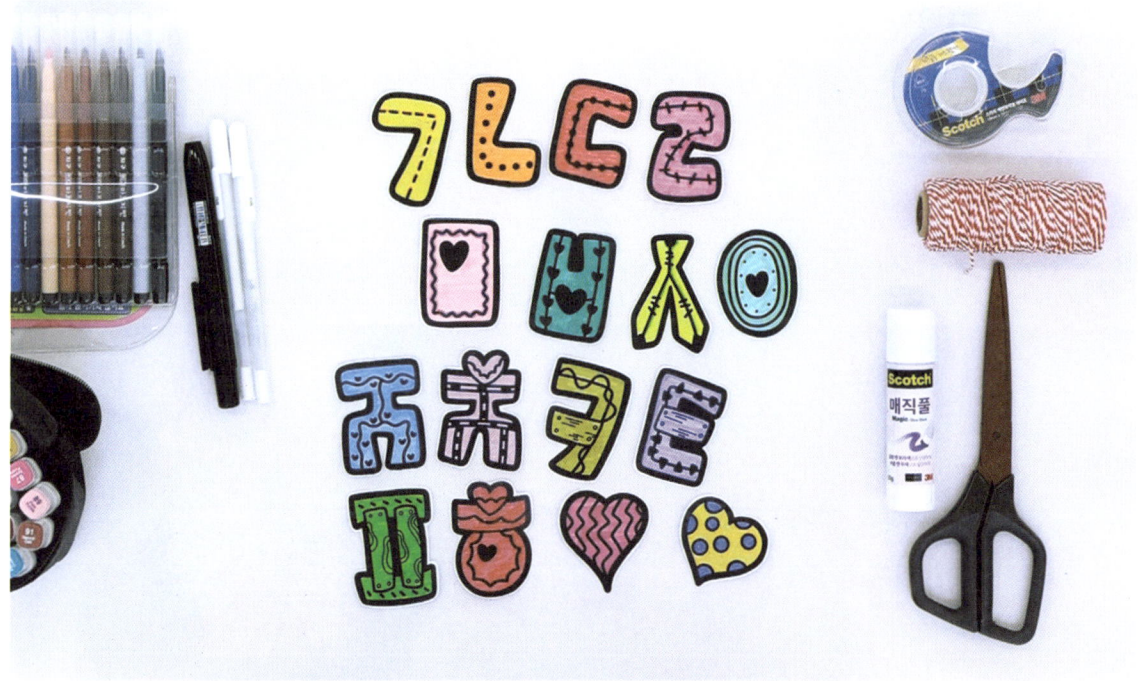

학생 수준에 맞는 활동지를 준비한 뒤 자음 형태가 갖는 미적 요소를 살려 디자인하고 꾸밉니다. 그런 다음 자음을 하나씩 자릅니다.

③ 자음끼리 연결하여 붙이기

자른 자음을 서로 연결해서 붙입니다. 전체적인 조형을 생각하며 미리 놓아본 뒤, 풀로 붙이면 됩니다. 모두 연결했다면 자음들을 들고 흔들어 보세요. 서로 떨어지지 않아야 합니다.

④ 고리 만들기

뒤집어 놓고 끈을 고리처럼 만들어 뒷면에 붙여주면 완성입니다.

한글의 자음이 가진 미적 아름다움을 작품으로 표현할 수 있습니다.

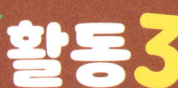

활동 3

독도 모빌

준비물

채색 도구
사인펜, 마카, 매직,
색연필, 흰색 젤 펜 등

활동지
120~160g 두께의
A4 용지에 인쇄

가위, 풀

독도가 갖는 역사적, 영토적 의미의 중요성을 이해하고 독도 수호의 마음을 담아 간단하게 활동할 수 있습니다. 독도 모빌은 10월 25일 독도의 날을 기념하여 창체 수업과 융합하여 활동하면 좋은 작품입니다.

활동 순서

1 활동지 꾸미기

활동지는 남아와 여아로 구분되어 있습니다. 활동지 안의 아이 얼굴을 꾸미고, 독도 2행시를 지어봅니다. 내용을 채우면 채색하고 그림 조각들을 가위로 자릅니다.

❷ 모빌 끈 연결하여 그림 붙이기

모빌 끈은 2개로 나눈 뒤 길게 연결해서 붙입니다. 그 위에 그림 조각들을 붙여 완성하면 됩니다.

　만드는 방법이 간단해서 다른 교과와 융합하여 독도의 중요성을 주제로 하는 수업에 활용하기 좋습니다. 이런 형태의 모빌 만들기는 주제가 있는 교실 꾸미기에도 아주 유용합니다.

가을의 한복판에서 의미 있는 활동을 통해 학급 친구들과 서로 소통하며 사랑이 무르익는 교실을 만들어가길 바랍니다.

11월
알록달록 가을의 색 즐기기

가을의 끝자락인 11월.
울긋불긋 물들었던 나뭇잎이 기운을 다하고 바닥에 떨어져
거리에는 낙엽이 쌓여가는 계절입니다.
어느덧 우리 주위로는 추운 기운이 다가와
가을과 겨울이 공존하는 계절감도 느낄 수 있습니다.
학교 화단이나 운동장 주변으로 떨어진 낙엽들을 주워 탐색하고
미술 활동 주제로 가져오기 좋은 시기입니다.
날씨에 따른 식물의 변화를 관찰할 수 있으므로
과학 수업과 융합하여 활동을 계획해봐도 좋겠지요?
활동을 위해 낙엽을 줍고 자세히 관찰하는 과정에서
떠오르는 자신의 생각이나 감정을 작품의 아이디어로
발전시키는 경험을 할 수 있습니다.
친구들과 함께 탐색하고 조사하는 과정을 통해
서로의 생각과 의견을 존중하는 자세도 기를 수 있습니다.

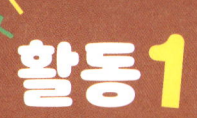

활동 1

나뭇잎 요정

준비물

채색 도구
사인펜, 마카, 매직,
색연필, 흰색 젤 펜 등

활동지
120g 두께의
A4 용지에 인쇄

**A4용지 크기의
도화지**

가위, 풀

검정 네임펜

수채 물감

둥근 붓
수채화용(12호~18호)

팔레트

물통

화장지

167

수채 용구를 활용해 수채화 수업을 할 때는 준비물이 많고 활동 중이나 후에도 지도 및 정리가 어려워 망설이는 경우가 많습니다. 그러한 진입 장벽을 낮추기 위해 이번 활동에서는 고체형 물감을 사용하여 조금 수월하게 수채 물감을 다뤄보도록 하겠습니다. 우연의 효과를 사용하여 수채 물감을 처음 다룰 때 적용하기 적합한 표현 활동으로 구성했습니다.

붓은 수채화용 둥근 붓으로 12~18호 정도의 두꺼운 것을 준비하면 좋지만, 납작붓이어도 상관없으니 가지고 있는 도구로 준비하면 되겠습니다. 그러나 너무 얇은 붓은 적당하지 않습니다.

물감을 사용하다 보면 덜 마른 물감이 옷이나 책상, 교실 바닥 등에 묻을 수 있습니다. 따라서 앞치마와 팔에 끼우는 토시를 준비하여 착장하도록 하는 것이 좋습니다. 물감을 사용하는 동안에는 교실 내 이동을 최소화하도록 사전에 안내해야 합니다.

활동 후 뒷정리를 할 때는 팔레트의 물감을 화장지로 미리 한 번 닦아낸 뒤 수돗가에서 깨끗이 씻도록 합니다. 책상과 주변을 살펴 물감이 묻은 곳이 있다면 물티슈나 화장지로 깨끗이 정리할 수 있도록 지도해야 합니다. 여럿이 함께 쓰는 공간에서는 작은 배려가 모두를 위한 행동이 될 수 있음을 아는 것 또한 미술 수업에서 추구하는 공동체의 발전에 참여하는 활동이 아닐까요?

활동 순서

이 활동은 2회에 걸쳐 나눠서 진행해야 합니다. 수채 물감을 사용해 가을 색을 표현하는 1차시를 먼저 진행 후, 물감이 마를 시간을 충분히 주고 2~3차시 활동을 진행하도록 합니다.

1차시 활동에서는 먼저 도화지와 수채 용구를 준비합니다. 책상에는 이면지 등을 깔아 물감이 책상 위에 묻지 않도록 하면 좋습니다.

그런 다음 나뭇잎의 색을 탐색하는 시간을 갖습니다. 디지털 매체를 활용하여 가을 나무의 모습과 나뭇잎, 나무가 많은 산의 단풍 든 모습 등을 학생들이 스스로 찾아볼 수 있고, 교사가 사전에 찾은 자료를 제시하여 함께 이야기 나눠볼 수도 있습니다.

탐색한 가을 나뭇잎의 색들을 물감으로 표현해 봅니다. 먼저 붓에 물을 충분히 적신 후, 물통 벽을 이용해 물이 뚝뚝 떨어지지 않도록 덜어냅니다. 물통은 칸이 나눠진 것을 사용하면 한 번에 오염되지 않아 좋습니다.

① 고체 물감 풀어주기

고체 물감은 굳어 있으므로 처음에는 붓에 물을 묻혀 충분히 풀어주세요.

② 물감 농도 조절하기

붓에 묻은 물감을 팔레트로 가져와 농도를 조절합니다.

③ 가을 나뭇잎 색으로 도화지 채색하기

도화지 위에 가을 나뭇잎의 색들을 위에서부터 자유롭게 칠합니다. 이때 물이 너무 많다면 화장지에 물기를 조금 제거하고, 다시 물감을 찍은 후 칠합니다. 도화지에 칠할 때 뻑뻑하다면 물이 부족한 것이므로 붓에 물을 조금 더 묻혀 칠해야 합니다. 붓에 물기를 조절하여 칠하는 기술이 필요한데 몇 번 연습하며 감을 잡도록 합니다.

가을의 색을 여러 가지 바꿔가며 빈 도화지를 전부 채웁니다. 전체적으로 여러 가지 가을 색들이 골고루 있도록 칠해주면 좋습니다. 연한 색부터 진한 색의 순서로 끊어서 칠하며 도화지를 채워보세요.

위에서부터 아래로 밝은색에서 연한 색으로 변화하도록 칠하는 방법도 있습니다. 예를 들면 노랑으로 시작해서 갈색을 조금씩 섞어가며 점점 진한 갈색으로 변해가도록 할 수 있습니다. 다양한 방법으로 자유롭게 표현하도록 지도합니다. 색과 색을 너무 겹쳐 칠해서 어둡거나 탁하게 표현되지 않도록 주의해 주세요.

도화지에 가을 색을 수채 물감으로 표현한 예시입니다.

4 물감이 마를 동안 채색 도구 정리하기

도화지 채색이 전부 끝나면 물감이 마를 동안 채색 도구를 정리합니다. 팔레트는 미리 화장지로 닦은 후 씻고, 고체 물감 주변에 물감이 지저분하게 묻은 것도 화장지나 물티슈로 닦아 정리합니다. 붓은 물통에 물을 받아서 그 안에서 충분히 흔들어서 씻은 후, 깨끗한 물로 헹군 다음 물기를 없애고 붓끝이 원래대로 모이도록 모양을 잡아 보관합니다. 물통과 팔레트에 묻은 물기도 깨끗하게 잘 닦은 후 정리합니다.

  도화지에 표현한 가을 색이 잘 마를 때까지 시간이 필요합니다. 물감이 손에 묻어나지 않을 정도가 되면 학생들의 작품을 모아 무거운 책으로 눌러줍니다. 수채 물감이 마르면서 도화지가 울퉁불퉁 휘는 현상을 막을 수 있습니다. 오전에 물감 작업을 했다면 오후 또는 다음 날 본 활동을 시작합니다.

5 나뭇잎 요정 활동지 준비하기

본 활동을 위해 나뭇잎 요정 활동지를 준비합니다. 요정 그림은 2가지 종류가 있습니다. 모자의 패턴을 직접 그려 넣어보는 것이 기본 활동지이며, 패턴이 미리 그려진 것도 준비되어 있습니다. 또한 컬러본도 준비되어 있으므로 학급 상황에 맞게 활용할 수 있습니다.

6 나뭇잎 요정 꾸미기

먼저 나뭇잎 요정의 모자에 나만의 패턴을 넣어 꾸며 줍니다. 모자의 영역을 구분한 뒤 각 칸에 다른 패턴으로 꾸며주면 됩니다. 패턴은 검은색 네임펜으로 그리는 것이 좋습니다. 패턴 채우기가 끝나면 요정의 수염 부분을 제외한 나머지 부분을 모두 채색합니다.

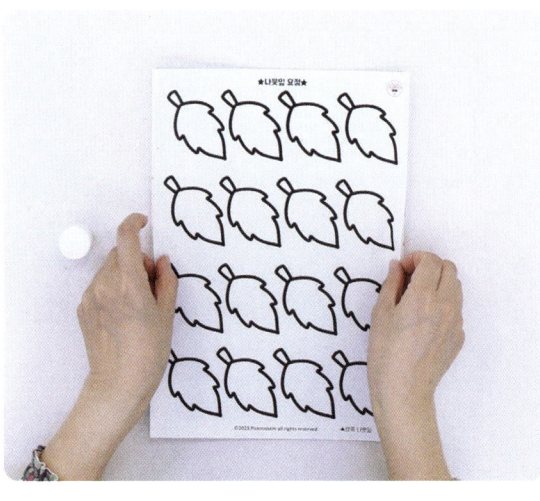

7 가을색을 표현한 도화지 뒷면에 나뭇잎 활동지 붙이기

물감을 사용하지 않을 때는 나뭇잎도 기본 채색 도구로 채색하면 되지만, 우리는 미리 물감을 사용해서 가을 색으로 표현한 도화지를 이용해 보겠습니다. 가을 색으로 표현한 도화지의 뒷면에 나뭇잎 활동지를 붙여주세요.

8 나뭇잎 활동지 모양대로 자르기

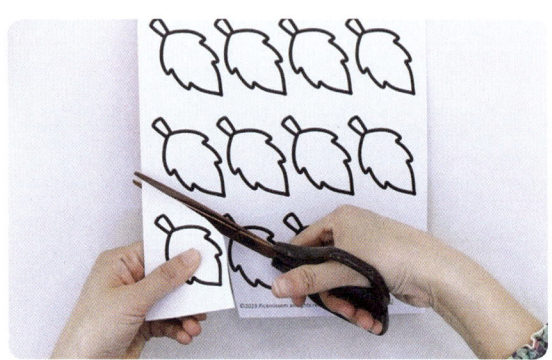
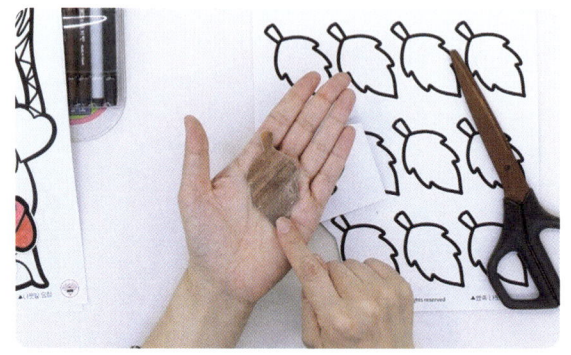

나뭇잎 모양대로 자르세요. 앞면을 보면 가을 색이 잘 표현된 나뭇잎 모양이 됩니다.

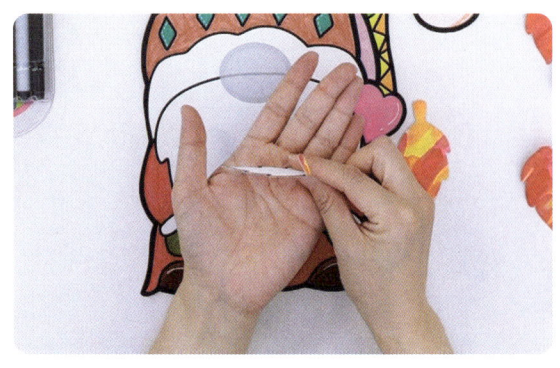

9 자른 나뭇잎의 꼭지 부분 접기

자른 나뭇잎은 꼭지 부분을 접어 준비합니다.

🔟 나뭇잎 요정 그림의 테두리를 따라 자르기

요정 그림도 테두리를 따라 모두 자릅니다. 이제 요정의 수염 부분을 이 나뭇잎으로 빈틈없이 채워볼 텐데요. 수염 모양에 맞춰 순서대로 잘 채워줘야 합니다.

1️⃣1️⃣ 나뭇잎 요정의 수염에 나뭇잎 붙이기

첫째 줄에는 나뭇잎 5장이 들어갑니다. 가운데 1장을 놓고, 양옆으로 수염 윗선에 맞춰서 서로 조금씩 겹치며 옆으로 퍼지도록 접은 꼭지 부분에 풀칠해서 붙입니다. 5장을 모두 붙이면 가운데 있는 나뭇잎이 제일 위로 올라오도록 합니다.

첫째 줄 나뭇잎 아래로 둘째 줄 나뭇잎을 붙입니다. 흰 바탕이 보이지 않도록 윗줄 사이사이로 살짝 겹쳐서 붙이세요. 둘째 줄도 나뭇잎 5장을 양옆 수염 라인이 가려지도록 바깥쪽으로 살짝 퍼뜨려 붙입니다.

둘째 줄 나뭇잎 아래로 셋째 줄 나뭇잎을 붙입니다. 셋째 줄 나뭇잎은 4장이며 마찬가지로 흰 바탕이 보이지 않도록 둘째 줄 끝과 살짝 겹쳐지도록 붙입니다. 셋째 줄부터는 나뭇잎의 끝 쪽이 수염 라인을 따라 안쪽으로 모이도록 붙여줘야 합니다.

셋째 줄 나뭇잎 아래로 마지막 줄 나뭇잎을 붙이세요. 마지막 줄은 나뭇잎 2장이며, 수염의 아래쪽 뾰족한 부분으로 모이도록 붙이면 됩니다.

12 나뭇잎 요정의 코 붙이기

 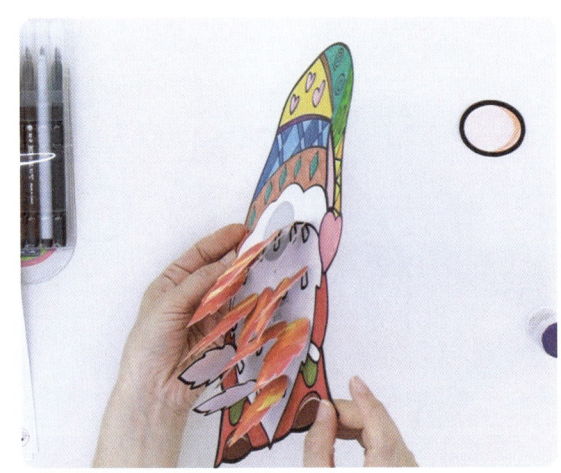

나뭇잎을 모두 붙인 후, 코 위치에 맞춰 코를 붙입니다.

　마지막으로 나뭇잎을 붙이면서 눌려 있는 상태이기 때문에 손으로 나뭇잎들이 너무 딱 붙어 있지 않도록 위로 살짝씩 들어주며 입체감 있게 모양을 잡아주며 완성합니다.

    완성된 나뭇잎 요정은 고리 자석을 활용해 교실 천장에 줄을 걸고 매달아 늦가을부터 겨울까지 교실을 아름답게 장식할 수 있습니다. 가을 색이 가득 담긴 귀여운 요정들이 교실에 따뜻함을 채워줄 것입니다.

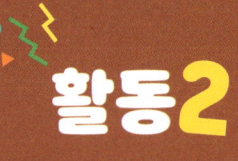
활동 2

가을 걷이

준비물

채색 도구
사인펜, 마카, 매직,
색연필, 흰색 젤 펜 등

활동지
120~160g 두께의
A4 용지에 인쇄

가위, 풀

활동 순서

1 활동지 꾸미고 자르기

배경판과 꾸밈 장식을 가을 느낌이 나도록 채색하고 자릅니다.

2 배경판 반으로 접기

배경판의 가운데 부분을 반으로 접습니다.

3 안쪽 실선을 따라 둥글게 자르기

가운데 둥근 실선 안쪽을 따라 자르세요.

4 자른 부분을 아래로 접고 채색하기

자른 부분을 펼쳐 아래로 접습니다. 아래로 접은 상태에서 보이는 면을 색칠하세요.

5 안쪽 실선 자르기

안쪽의 실선을 모두 가위로 자르세요.

6 둥글게 말아 아래로 내리기

자른 부분을 둥글게 말아서 아래쪽으로 내려주세요.

7 지지 막대 붙이기

중간지지 막대를 뒤쪽 가운데 붙이세요.

8 중심 장식 붙이기

배경판을 앞으로 돌린 뒤 중심이 되는 장식을 붙입니다.

9 꾸밈 장식 붙이기

받침대를 만들어 나머지 꾸밈 장식 뒤에 붙인 뒤 가을 걸이 배경판 위로 어울리게 붙여 완성합니다.

저마다 개성 있는 가을 걸이로 완성됩니다.

활동3

낙엽 일러스트 가랜드

준비물

 아크릴 마카

 낙엽

 끈

 펀치

떨어진 낙엽을 교실로 가져와 종이가 아닌 낙엽 위에 일러스트를 그려 가랜드로 만드는 활동입니다.

활동 순서

1 아크릴 마카로 낙엽 위에 그림 그리기

아크릴 마카는 종이가 아닌 곳에도 잘 그려지는 특성이 있습니다. 그래서 다양한 재료를 사용하며 감각적인 미적 체험을 할 수 있습니다. 아크릴 마카를 처음 쓸 때는 마카액이 잘 섞이도록 충분히 흔들어준 뒤 바닥에 대고 마카촉을 눌러 마카액이 촉을 타고 내려오면 사용합니다. 이때 촉을 너무 세게 누르지 않도록 주의합니다.

낙엽은 따로 말리지 않고 바로 그림을 그립니다. 낙엽 위에 아크릴 마카를 사용해 그리고 싶은 그림이나 글귀를 적습니다.

2 낙엽 위쪽에 구멍 뚫어 끈으로 끼우기

일러스트 작업이 끝나면 낙엽 위쪽에 구멍을 뚫고 끈으로 끼워 교실을 장식해 보세요. 낙엽이 마르면서 낙엽에 있던 수분이 날아가며 점점 휘게 될 텐데요. 일정 기간 전시해두면서 이렇게 눈에 보이는 낙엽의 변화와 관련한 이야기를 나눠볼 수 있습니다. 이렇게 실제 자연물을 활용해 미술 활동을 하면 학생들의 미적 체험을 확장시킬 수 있답니다.

 11월, 계절이 바뀌는 문턱에서 일어나는 변화를 다양한 미술 활동을 통해 감각적으로 체험할 수 있습니다.

Part 4
함께 있어 따뜻한 겨울 교실

12월
크리스마스와 겨울 즐기기

겨울은 학년이 마무리되는 시기입니다.
한 해 동안 함께한 친구들과 우정도 더욱 깊어졌고,
익숙해진 학급 생활에 편안함과 안정감을 느끼는 시기이기도 합니다.
추운 바깥 날씨로 인해 실내에 머무는 시간이 더욱 많아지고,
따뜻함을 주는 것들을 저절로 찾게 됩니다.
계절적인 특성을 살려 미술 활동에서도
따뜻함을 느낄 수 있는 재료나 활동 소재를 적용하면 좋습니다.

활동 1

트리 오일 파스텔화

준비물

오일 파스텔 36색 이상 추천	**활동지** 120~160g 두께의 A4 용지에 인쇄	**A4용지 크기의** **검정 색지**	**뾰족하게 깍은** **나무젓가락**	**검정 네임펜**

물티슈	**화장지**	**가위, 풀**	**흰색 아크릴 마카**	**스티커**

오일 파스텔 색상 탐색

오일 파스텔의 색을 선택할 때 도움이 되도록 오일 파스텔의 색상을 탐색해 보겠습니다. 먼저 비슷한 색상끼리 분류해 볼까요?

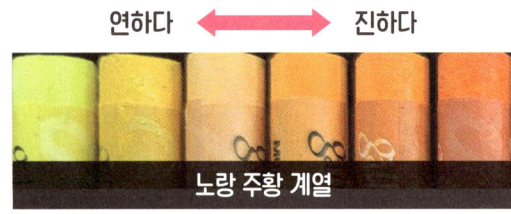

노랑 주황 계열의 색입니다. 왼쪽의 노랑으로 갈수록 연하고 오른쪽의 주황으로 갈수록 진합니다. 연한 색은 밝은 느낌, 진한 색은 쨍하거나 탁하거나 어두운 느낌을 줍니다.

빨강 계열, 보라 자주 계열, 초록 계열, 파랑 계열, 갈색 계열도 아래 사진과 같이 분류할 수 있습니다. 이런 과정을 통해서 색의 변화를 눈으로 확인하며 색감을 기를 수 있습니다. 오일 파스텔 색의 개수가 많을수록 비슷한 계열의 색도 더 다양할 것입니다. 이렇게 같은 계열 내의 색상에서는 연한 색과 진한 색을 골라 서로 어울리게 쓸 수 있습니다.

이번에는 서로 다른 색상 계열을 놓고 서로 어울리는 조합을 찾아보겠습니다.

노랑 주황 계열과 빨강 계열은 서로 연속적으로 어울리는 조합으로 쓸 수 있습니다. 이때 노랑 주황 계열이 연하고, 빨강 계열이 더 진합니다. 노랑 주황 계열은 갈색 계열과도 어울리게 쓸 수 있는데, 이때 갈색 계열이 노랑 주황 계열보다 더 진합니다.

빨강 계열과 보라 자주 계열도 서로 어울리게 쓸 수 있으며, 보라 자주 계열이 더 진한 쪽입니다. 초록 계열과 파랑 계열도 서로 어울리며, 파랑 계열이 더 진합니다.

색 차이가 크지 않을 때는 둘 중 아무거나 먼저 사용

보라 계열

자주 계열

파랑 계열

파랑 계열과 보라 자주 계열처럼 색의 진하기 차이가 크지 않을 때는 둘 중 어떤 계열을 먼저 써도 상관없습니다. 이처럼 오일 파스텔을 다루기 전, 미리 색상의 어울림 등을 탐색하고 활동에 임하면 학생들이 더 안정적으로 색을 선택하고 다루며 주제 표현에 집중할 수 있습니다.

이제 오일 파스텔을 쓰기 전 주의할 점을 몇 가지 알아보겠습니다. 오일 파스텔은 다른 채색 용구와 다른 고유의 특성이 있습니다. 따라서 사전에 반드시 주의사항을 안내해야 합니다.

오일 파스텔은 파스텔 가루를 오일로 뭉쳐놓은 것이기 때문에 손에 잘 묻고 번집니다. 또한 파스텔끼리도 서로 다른 색이 잘 묻어납니다. 오일 파스텔에 다른 색이 묻으면 화장지로 닦아내고 깨끗한 상태에서 칠합니다. 그리고 오일 파스텔로 칠한 부분을 손으로 짚지 않도록 주의합니다. 손에 묻은 오일 파스텔이 작품의 다른 곳에 묻어 오염되거나 지저분해지기 때문입니다.

오일 파스텔은 잘 부러지므로 색칠할 때 너무 강한 힘을 줘서 부러뜨리지 않도록 주의합니다. 오일 파스텔을 칠하면서 생기는 가루는 손으로 문질러서 치우지 않습니다. 오일 파스텔로 눌러서 도화지에 펴거나 종이를 세워서 책상에 탁탁 털어낸 후 물티슈나 화장지로 깨끗이 닦아 정리합니다. 오일 파스텔이 손에 많이 묻으면 작품에 묻어 지저분해지므로 활동 중간에 손이 너무 더러워지면 물티슈에 닦아 깨끗하게 한 뒤 활동을 이어갑니다.

 **활동 순서**

1 활동지 선택하기

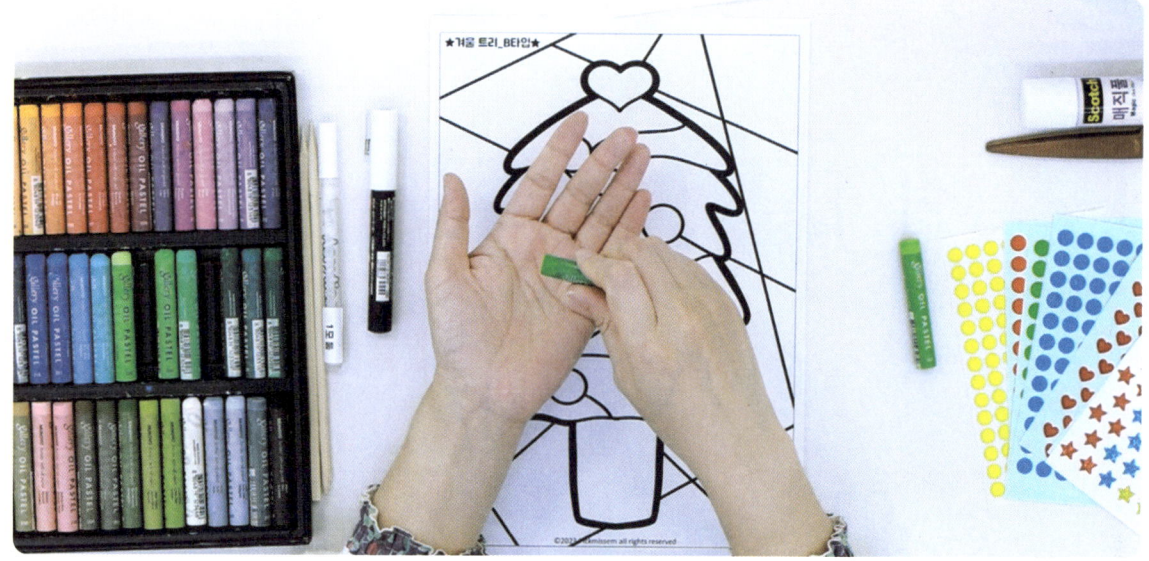

트리 활동지를 준비합니다. 트리는 두 종류이며 배경이 있는 것과 없는 것이 준비되어 있습니다. 활동 계획 시 필요한 활동지를 선택하시기 바랍니다.

트리의 안은 선으로 영역이 나뉘어 있습니다. 나누어진 영역을 각각 다른 색의 오일 파스텔로 블렌딩하여 색칠하는 방법을 알아보겠습니다.

오일 파스텔은 손으로 가볍게 위에서 감싸듯이 잡고 옆으로 눕혀 칠하면 힘 조절을 하기 쉽습니다.

2 초록 계열의 색 고르기

초록 계열의 색에서 연한 색과 진한 색을 하나씩 골라 보세요.

3 진한 색 반 정도 칠하기

먼저 진한 색으로 칠하고자 하는 칸의 반절 정도를 흰 바탕이 보이지 않도록 꼼꼼하게 칠합니다.

4 나머지 부분은 힘을 빼고 칠하기

남은 칸의 반절 정도를 진한 색으로 이어서 칠하되 힘을 빼고 흰 바탕이 보이도록 연하게 칠합니다.

5 연한 색 섞어 칠하기

비어 있는 끝부분부터 연한 색을 꼼꼼하게 채워가며 진한 색과 천천히 섞어줍니다.

6 경계 부분을 블렌딩하기

진한 색과 만나는 경계 부분을 빙글빙글 돌리듯이 블렌딩하며 자연스럽게 섞이도록 합니다. 처음엔 부자연스럽더라도 연습하다 보면 점점 감을 찾을 수 있게 될 것입니다. 특히 진한 색과의 경계 부분이 자연스러워 보이도록 살살 돌려가며 색을 섞어주세요.

7 자연스럽게 색 표현하기

진한 색이 부족하다면 위에 더 얹어줘도 됩니다. 진한 색과 연한 색을 번갈아 쓰며 자연스럽게 표현해 보세요.

8 손가락으로 경계 문지르기

손가락으로 경계 부분을 문질러 풀어주면 좀 더 자연스러운 표현을 낼 수 있습니다.

9 나머지 부분 채색하기

칠하고자 하는 면적이 넓다면 3가지 색으로도 채색할 수 있습니다. 진하기가 다른 3가지 색을 선택한 뒤, 진한 색으로 3분의 1 정도를 꼼꼼하게 칠하고 이어지는 부분에서 힘을 빼고 연하게 칠합니다. 중간 단계의 색으로 이어지는 부분을 블렌딩 해주며 3분의 2지점까지 색을 채웁니다. 이어지는 부분을 연하게 칠해주고 나머지 부분을 가장 연한 색으로 블렌딩하며 채워주면 됩니다.

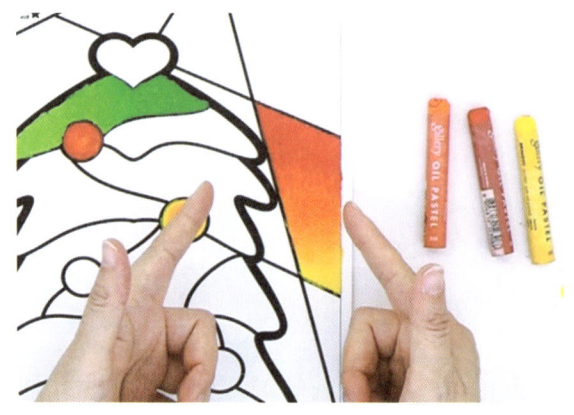

진한 색을 먼저 칠하고, 연한 색으로 블렌딩 한다는 것을 꼭 기억해 주세요. 흰색이나 검은색과 섞으면 또 다른 느낌을 낼 수 있는데요. 흰색과 다른 색을 섞을 때는 흰색을 나중에 칠해야 하고, 검은색과 다른 색을 섞을 때는 검은색을 먼저 칠해야 합니다.

이 기본적인 방법을 사용하여 오일 파스텔의 특성을 살려 작품을 채색할 수 있습니다. 다양한 색을 써 보는 경험이 중요하므로, 칸마다 서로 다른 색을 골라 채색하는 연습을 할 수 있도록 지도합니다.

10 배경 채색하기

배경까지 전부 오일 파스텔로 칠하는 연습을 해도 좋습니다. 또는 트리 부분만 채색한 뒤 검정 배경 색지에 붙여주면 파스텔의 색감이 훨씬 강조되어 색다른 분위기를 낼 수 있습니다.

⑪ 배경 꾸미기

채색한 트리를 검정 배경 색지에 붙이고 오일 파스텔로 배경을 꾸며주거나, 작은 원형 스티커를 붙여 꾸며줄 수 있습니다.

⑫ 뾰족한 나무젓가락으로 오일 파스텔 긁어내기

오일 파스텔로 채색이 되어 있는 작품 위에 흰색 아크릴 마카를 사용해 추가로 꾸미기를 할 수 있습니다. 이때 작품 위에 바로 아크릴 마카를 사용하면 아크릴 마카에 오일 파스텔 가루가 묻어서 마카펜이 잘 나오지 않게 됩니다.

따라서 나무젓가락을 연필깎이로 뾰족하게 깎은 뒤, 그리고 싶은 무늬나 꾸밈 장식을 미리 뾰족한 부분으로 그리면서 오일 파스텔 가루를 긁어냅니다.

⑬ 흰색 아크릴 마카로 꾸미기

뾰족한 나무젓가락으로 긁어낸 부분 위에 아크릴 마카로 그려줍니다. 아크릴 마카를 처음 사용할 때는 마카를 흔들어 마카 액을 잘 섞어준 뒤, 뚜껑을 열고 펜촉을 종이 위에서 몇 번 눌러주면 액이 마카 촉을 타고 내려오게 됩니다. 마카 액이 펜의 끝까지 다 내려와서 종이에 잘 그려지는지 확인한 후 사용하면 됩니다. 너무 세게 누르면 마카 촉이 안으로 들어가 버려서 못쓰게 되므로 주의합니다.

⑭ 작품 완성하기

흰색 아크릴 마카를 사용해 꾸미기까지 했다면 오일 파스텔로 그린 따뜻한 느낌의 트리 작품 완성입니다.

도안이 달라도 오일 파스텔의 기본 블렌딩 방법은 같으므로, 다른 도안을 사용해도 좋습니다. 상황에 맞게 다양한 활동지를 이용할 수 있습니다.

활동2

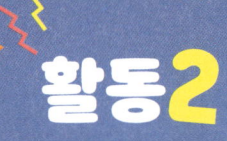

스노우 램프

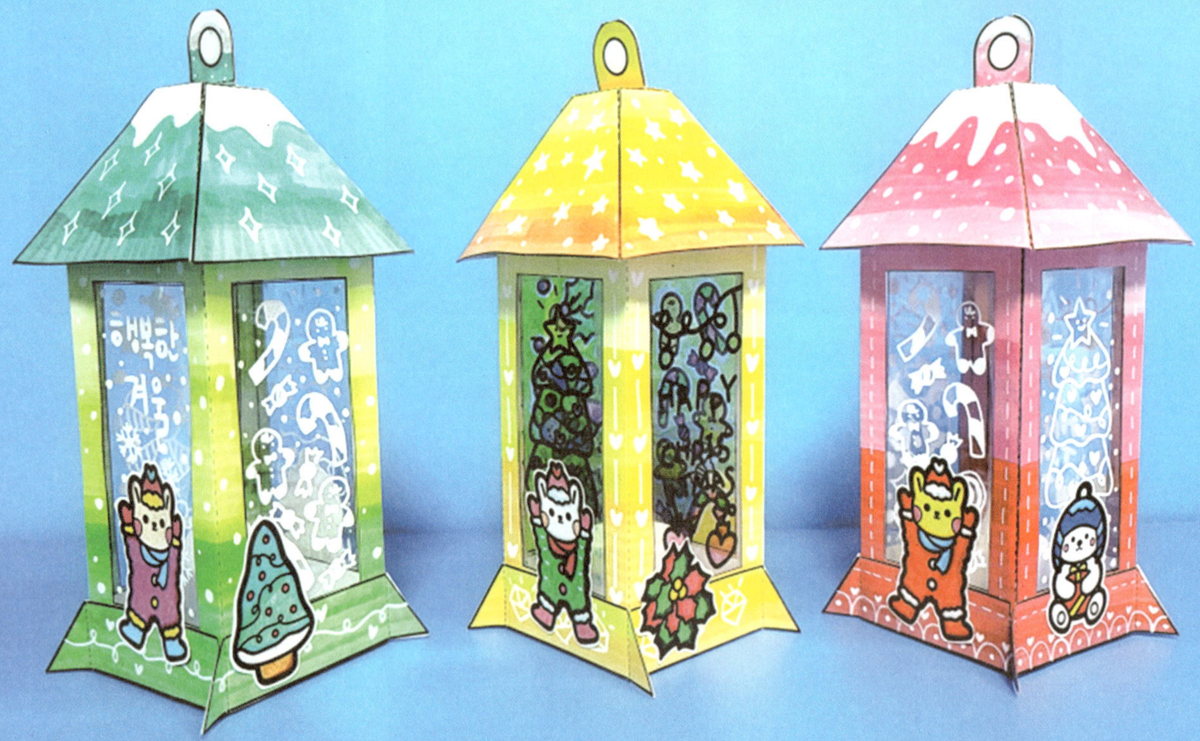

준비물

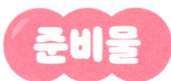

채색 도구
사인펜, 마카,
색연필, 흰색 젤 펜 등

활동지
150~160g 두께의
A4 용지에 인쇄

OHP 필름

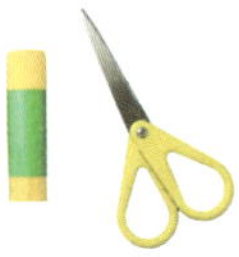

가위, 풀

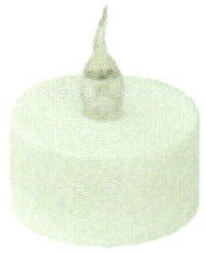

LED 티라이트
직경 3.5cm

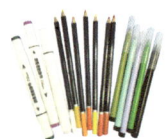

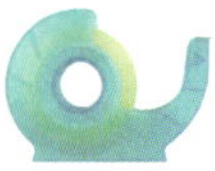

투명 테이프

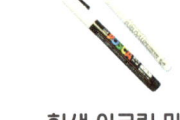

흰색 아크릴 마카

눈 내리는 겨울 풍경을 담아 입체 램프로 만드는 활동입니다. 입체 작품이기 때문에 접는 선을 신경 써서 잘 접어줘야 합니다. 램프의 배경은 눈이 쌓여있는 모습으로 표현하여 겨울 느낌을 잘 살릴 수 있습니다.

활동 순서

1 활동지 자르고 채색하기

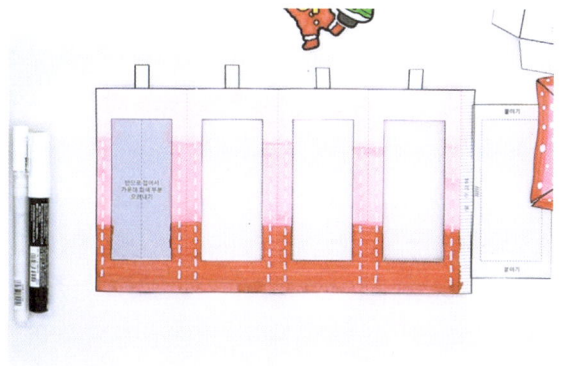

눈이 쌓인 풍경을 담아 램프의 배경을 색칠하고 자르세요.

2 안쪽 면을 반으로 접어 자르기

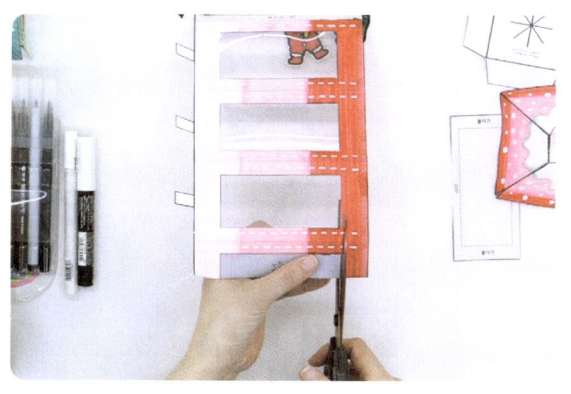
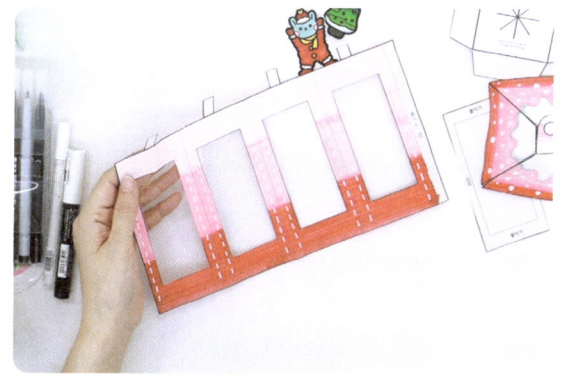

배경 틀 안쪽의 회색면을 반으로 접어 잘라냅니다.

3 OHP 필름 붙이기

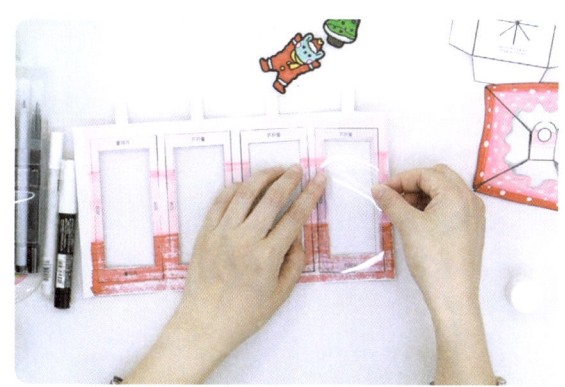

램프 도안 안쪽에 OHP 필름을 붙입니다.

④ 흰색 아크릴 마카로 겨울 디자인하기

겨울의 풍경을 떠올려 OHP 필름 위에 흰색 아크릴 마카로 그려줍니다. 흰색 아크릴 마카는 OHP 필름 위에도 아주 잘 표현되기 때문에 특히 눈 내리는 모습을 표현하기에 적합합니다. 글씨가 있다면 바깥쪽에서 봤을 때 좌우가 바뀌지 않도록 주의합니다.

⑤ 바닥 면의 실선을 따라 가위집 내기

바닥 면의 가운데 있는 실선을 따라 가위집을 냅니다.

6 자른 부분을 안으로 접기

LED 램프를 끼울 수 있도록 자른 부분이 안쪽으로 들어가도록 접습니다.

7 LED 램프 끼우기

그 사이로 LED 램프를 끼우고, 테이프로 고정합니다. 끼우기 전에 램프 불이 들어오는지 미리 확인합니다.

8 바닥 면과 램프 연결하기

 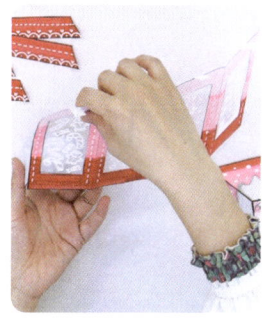 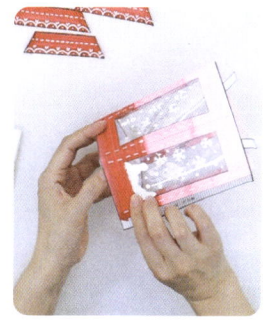 

바닥면과 램프의 몸통을 연결합니다. 바닥면의 벽을 세운 뒤, 몸통을 잘 맞춰서 4면을 연결해 붙이세요. 몸통의 옆면이 잘 맞을 수 있도록 주의해서 붙입니다.

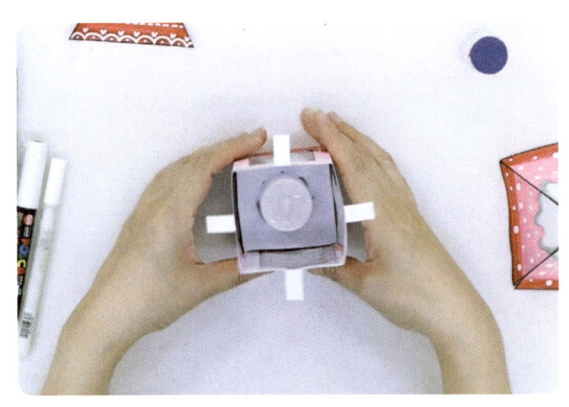

9 지붕 연결하는 면을 바깥쪽으로 접기

몸통 위쪽의 지붕을 연결하는 붙이는 면은 바깥쪽으로 접어주세요.

10 바닥 장식 붙이기

램프 몸통 아래쪽에 바닥 장식을 붙입니다. 4면을 모두 붙이고 튀어나오는 모서리 부분은 모서리끼리 만나도록 붙입니다.

11 지붕 모양 만들기

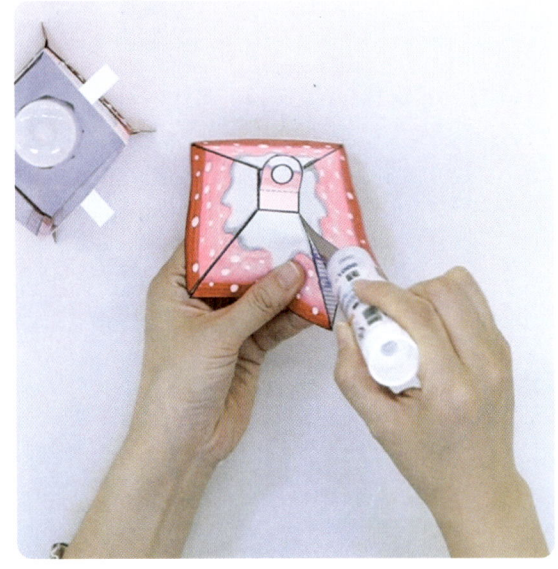

램프 지붕의 접는 선을 접고 붙이는 면을 붙여 지붕 모양으로 만드세요. 지붕 모양 위에 손잡이를 접어 붙입니다.

12 막대 부분에 풀칠하기

램프 몸통 위의 붙이는 면(램프 몸통 위로 튀어나온 작은 막대 부분) 네 군데에 풀칠하세요.

13 지붕 얹기

4개의 막대 위에 지붕을 얹으세요.

14 막대 부분을 지붕 안쪽으로 넣으며 붙이기

붙이는 막대 부분이 지붕 안쪽으로 들어가도록 손으로 밀어 넣으며 붙입니다.

15 꾸밈 장식 붙이기

꾸밈 장식을 붙여 완성하세요.

LED 램프를 키면 아른아른 불빛이 눈을 즐겁게 합니다. 낭만 있는 나만의 겨울 램프로 활용할 수 있습니다.

겨울 원통 모빌

준비물

아크릴 마카 24색

참고용 밑그림 활동지

OHP 필름

가위, 풀

펀치

고리 자석

투명 테이프

낚시줄

아크릴 마카 살펴보기

이 활동에 사용할 아크릴 마카는 학생들이 좀 더 쉽게 사용할 수 있는 형태로 되어 있습니다. 흔들거나 누르지 않아도 바로 쓸 수 있는 형태라서 저학년 학생들도 쉽게 사용할 수 있습니다. 아크릴 마카는 눕혀서 보관하고, 뚜껑을 꼭 닫아서 펜촉이 마르지 않도록 관리합니다.

아크릴 마카를 사용해 OHP 필름 위에 겨울 관련 일러스트를 그려보는 활동을 시작해 봅시다. 먼저 디지털 매체를 통해 겨울 이미지를 탐색하여 어떻게 주제를 표현할지 학생 스스로 계획하고 구상합니다.

아크릴 마카는 마르는 시간이 짧지만, 마르는 동안에는 손에 묻어 번지지 않도록 주의해야 합니다. 다른 색 위에 덧그릴 때는 완전히 마른 후에 먼저 칠한 색이 벗겨지지 않도록 주의하며 살살 덧그립니다. 그림의 마무리 단계에서 겨울 느낌을 내기 위해 흰색 펜을 적절히 사용하여 눈을 표현해주면 효과적입니다.

그림을 그리면서 OHP 필름 위를 손으로 너무 많이 만지면 손의 유분기로 인해 아크릴 마카가 잘 그려지지 않으므로 주의합니다.

 활동 순서

❶ OHP 필름 위에 일러스트 그리기

겨울과 관련한 일러스트를 OHP 필름 위에 그립니다. 밑그림을 대고 그릴 경우, 밑그림의 검은 선이 보이지 않도록 따라 그립니다. 밑그림을 전부 따라 그려도 되고, 글씨본만 따라 그리고 일러스트는 직접 채울 수도 있습니다.

② 둥글게 말아 붙이기

일러스트로 OHP 필름을 가득 채우면 둥글게 말아서 테이프로 붙입니다. 이때 양쪽 끝이 1~2cm 정도로만 겹치도록 잡고 원통 모양이 예쁘게 잡히도록 붙여야 합니다.

③ 펀치로 구멍 뚫기

원통 위쪽에 서로 마주 보도록 펀치로 구멍을 뚫습니다.

4 낚싯줄을 끼워 매듭짓기

낚싯줄을 적당한 길이로 잘라 끼운 뒤 매듭을 짓습니다.

5 낚싯줄 고정하기

원통 모양이 일정하게 유지되도록 낚싯줄을 끼운 뒤, 옆면에 테이프를 붙여 낚싯줄을 고정합니다.

6 원통 모빌 전시하기

고리 자석을 사용해 교실 천장에 있는 나사 부분에 고리 자석을 붙이고, 고리에 원통 모빌을 걸어서 전시하면 완성입니다.

서로의 온기를 나눌 수 있는 미술 활동을 통해 함께 있어 따뜻한 겨울 교실을 만들어보세요.

1월
한 해를 돌아보는 추억 되새기기

학교마다 조금씩 차이가 있지만,
요즘은 1월에 학년을 마무리하고
졸업이나 종업을 하는 학교들도 많아졌습니다.
1년의 생활을 돌아보고 성장한 점을 찾고,
추억을 갈무리하기에 적당한 시기입니다.
또한 1월은 한 해가 저물고 새해를 맞이하는 달로
새로운 한 해를 맞이하며 새해 소망을 빌거나
새해 목표를 세워보는 등의 의미 있는 시간을 보내기도 합니다.
교실에서도 이러한 1월의 시기적 특성과 관련한 활동으로
학년말을 의미 있게 보낼 수 있습니다.
이를 통해 학생들은 자신의 성장과 변화를 되돌아보고
미래를 기대하는 시간을 가질 수 있습니다.
또한 새로운 시작을 의미하는 작품을 만들며
새해에 대한 소망과 기대를 나눌 수도 있습니다.

활동1

행복 구슬

준비물

채색 도구
사인펜, 마카, 매직,
색연필, 흰색 젤 펜 등

활동지
120g 두께의
A4 용지에 인쇄

가위, 풀

검정 네임펜

한 해를 돌아보며 나에게 의미 있었던 일을 그림으로 표현하고 친구들과 이야기를 나누어 보는 활동입니다.

활동 순서

활동지는 평면형과 입체형이 준비되어 있으므로, 개인차에 따라 적합한 활동지를 선택하도록 합니다.

1 행복 구슬 꾸미고 자르기

구슬 가운데 올해 있었던 일 중 나를 행복하게 했던 일, 나에게 의미 있었던 일을 떠올려 연필로 스케치합니다. 검정색 네임펜으로 선을 따고 연필선은 지우개로 깨끗하게 지워 정리합니다. 스케치가 끝나면 활동지 2장을 모두 채색하고, 테두리를 따라 가위로 자릅니다.

2 리본의 끝부분을 안쪽으로 말기

리본 2개의 끝부분을 모두 안쪽으로 둥글게 말아주세요.

3 리본 받침대의 접는 선을 접고 붙이는 면 붙이기

리본 받침대의 접는 선을 접고, 붙이는 면을 붙여 받침대 모양을 완성합니다.

4 구슬에 받침대 붙이기

구슬 위의 받침대 붙이는 곳에 먼저 받침대를 붙이세요.

5 받침대 위에 큰 리본 붙이기

크기가 큰 리본을 그 위로 붙입니다.

6 큰 리본 위에 받침대 붙이기

큰 리본 위로 다시 받침대 하나를 붙입니다.

7 받침대 위에 작은 리본 붙이기

그 위로 작은 리본을 붙여 완성합니다.

    이렇게 한 해를 돌아보며 자신의 경험을 작품으로 표현하는 활동은 학생들에게 자신의 경험을 돌아보고 되새기는 시간을 제공합니다. 작품을 통해 자신의 경험을 시각적으로 표현하며 더욱 생생하게 느낄 수 있습니다.

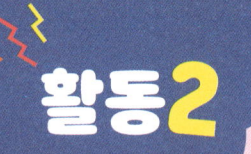

한복 동물 인형

준비물

채색 도구
사인펜, 마카,
색연필, 흰색 젤 펜 등

활동지
120~160g 두께의
A4 용지에 인쇄

가위, 풀

새해를 맞이하여 한 해의 행복을 기원하는 활동입니다.

활동 순서

학생들이 다양한 아이디어를 도출하고 표현하는 능력을 키울 수 있도록, 활동지는 직접 겨울 관련 이미지를 그려 꾸며볼 수 있는 수준으로 준비되어 있습니다. 각자의 상황에 따라 적절하게 활용 가능합니다.

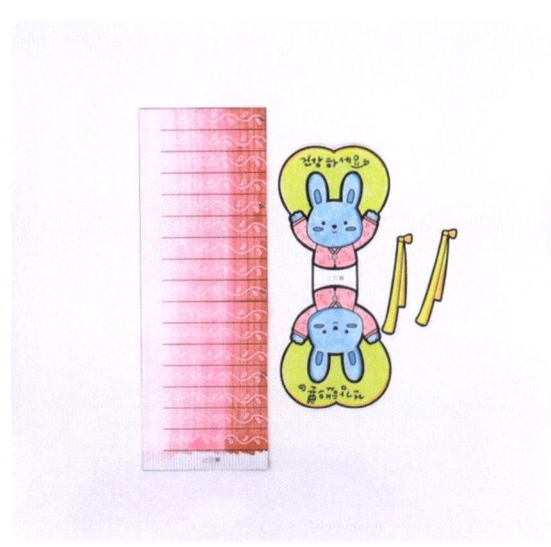

❶ 활동지 채색하고 자르기

활동지의 치마 그림은 무늬를 넣어 꾸미고, 하트 위쪽에는 새해 인사나 다짐을 적은 후, 모두 자릅니다.

❷ 치마 그림 안쪽의 실선 자르기

한복 치마 그림은 안쪽의 실선을 모두 자릅니다.

3 치마 그림을 둥글게 말아 붙이기

한복 치마 그림을 둥글게 말아서 붙입니다.

4 회색 동그라미 표시가 있는 막대가 서로 만나도록 붙이기

잘라진 치마 막대 중 회색 동그라미 표시가 있는 부분을 찾아서 서로 만나도록 붙이세요.

5 회색 하트가 있는 막대를 가운데로 모아 붙이기

이번에는 회색 하트 표시가 있는 부분을 찾아서 가운데로 모아 붙이세요.

6 가운데 막대부터 모아 붙이기

이제 사이사이 3개의 막대가 남아있는데요. 그중 가운데 있는 막대부터 모아 붙이세요.

7 남은 막대 모아 붙이기

치마의 모양이 둥글게 잘 만들어지도록 모양을 잡으며 남은 막대들도 그 위로 모아 붙입니다. 아래쪽으로 손을 넣어 붙이면 좀 더 쉽게 붙일 수 있어요.

8 동물 인형의 접는 선 따라 접기

동물 인형 그림의 접는 선을 따라 접으세요.

9 하트의 두 면이 만나도록 붙이기

하트 위쪽 부분에만 풀칠해서 두 면이 만나도록 붙입니다.

10 치마 위에 인형 붙이기

치마 위에 인형을 붙여주세요.

11 저고리 옷고름을 앞뒤로 붙이기

마지막으로 저고리의 옷고름을 앞뒤 모두 붙이세요.

12 옷고름 끝부분 둥글게 말아주기

옷고름의 끝부분이 치마선을 따라 둥글게 말리도록 손으로 말아주면 완성입니다.

이 활동을 통해 학생들은 새해에 대한 소망과 기대를 나누는 시간을 가질 수 있습니다. 또한 한복을 매개로 한 작품을 통해 전통과 문화에 대한 이해를 높일 수 있습니다.

활동 3

겨울 추억 리스

준비물

채색 도구
사인펜, 마카, 매직,
색연필, 흰색 젤 펜 등

활동지
120~160g 두께의
A4 용지에 인쇄

가위, 풀

겨울과 관련한 추억이나 겨울에 하고 싶은 일을 그림으로 그리고, 겨울 장식으로 꾸미는 활동입니다.

활동 순서

1 활동지 채색하고 자르기

학생의 수준에 맞는 활동지를 준비합니다. 배경판 가운데에 겨울과 관련된 추억이나 겨울에 하고 싶은 일 등을 떠올려 그립니다. 활동지를 채색하고, 채색이 끝난 활동지는 모두 자릅니다.

2 받침대 만들기

겨울 장식 받침대의 접는 선을 접고 붙여서 긴 막대 모양으로 만듭니다.

3 실선을 따라 자르기

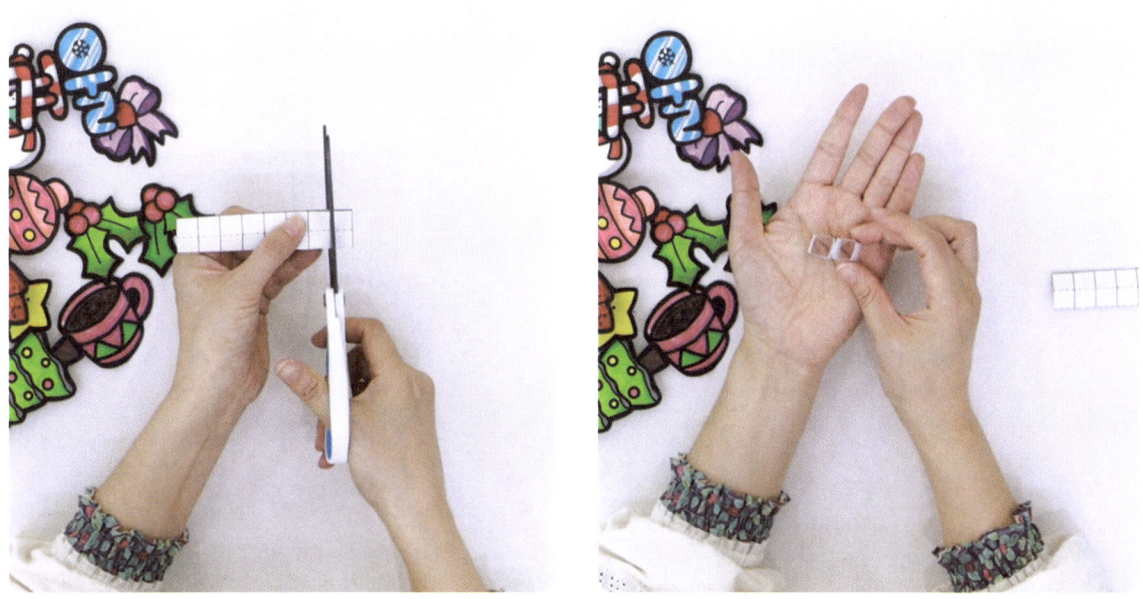

길게 만든 받침대를 안쪽의 실선을 따라 8개로 잘라 나누세요.

4 받침대 붙이기

꾸밈 장식 뒤에 받침대를 붙이세요.

5 꾸밈 장식 붙이기

받침대를 붙인 꾸밈 장식을 배경판의 둘레에 붙입니다. 받침대가 없는 장식은 반으로 접어 입체감을 준 뒤 붙이면 됩니다. 꾸밈 장식을 붙일 때는 가운데 그림이 가려지지 않도록 바깥쪽으로 붙이도록 합니다.

6 작품 전시하기

완성된 작품은 교실의 블라인드 봉에 붙여 게시합니다. 블라인드의 높이에 따라 게시된 작품의 높이가 달라지는 재미를 줄 수 있습니다.

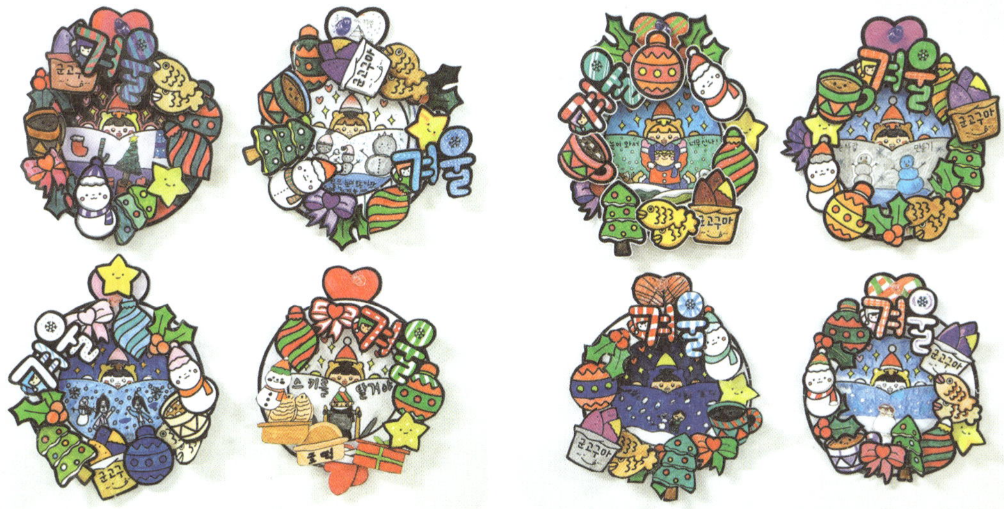

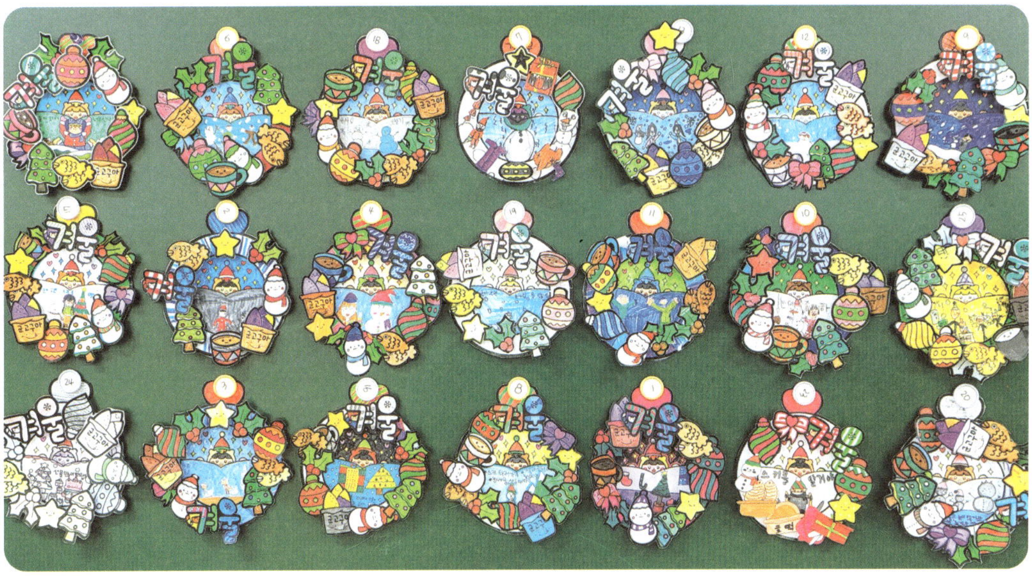

1월 추천 미술 활동을 통해 자신의 경험과 감정을 미술 작품으로 표현하며 학년을 마무리하는 의미 있는 활동 시간이 되기를 바랍니다.

2월
새해 맞이와 졸업

1월에 이어 2월도 학년이 마무리되는 시기로
1월의 미술 활동과 같은 흐름으로 이어집니다.
따라서 1월과 2월은 서로 구분 짓기보다는
학교별 학사 일정에 맞춰 적절하게 활용하면 좋겠습니다.
2월은 학년을 마치는 종업식, 학교를 마치는 졸업식이 있습니다.
한 과정을 무사히 마치고 새로운 시작을 준비하는 뜻깊은 시기이죠.
또한 우리나라 전통 명절 중 하나인 설날도 있습니다.
1월 미술 활동에서 추억을 돌아보고 의미 있는 일들을 떠올려 보았으니,
2월 미술 활동에서는 한 학년 동안 학습하고 여러 활동들을 거치면서
어떤 점이 성장했는지 곰곰이 되짚어보면 좋을 것 같습니다.
신체적으로 변화한 점도 좋고, 정신적으로 변화한 점도 좋습니다.
학생들이 자신이 성장한 부분을 이끌어 낼 수 있도록 독려하고 지도합니다.
친구들과 이야기를 나누며 서로의 성장한 점을
찾아보도록 하는 것도 좋은 방법입니다.

활동 1 : 나에게 건네는 트로피

준비물

채색 도구
사인펜, 마카, 매직,
색연필, 흰색 젤 펜 등

활동지
150~160g 두께의
A4 용지에 인쇄

가위, 풀

검정 네임펜

리본끈

자신의 성장과 노력을 되돌아 보고, 스스로를 칭찬하는 내용을 담은 트로피를 만드는 활동입니다.

활동 순서

1 활동지 채색하고 자르기

활동지의 빈칸에 알맞은 내용을 각각 채워보도록 합니다. 비어 있는 얼굴 부분은 나의 모습으로 꾸미고요. 그 아래에는 자신의 이름, 날짜와 학교 이름을 씁니다. 칭찬 상장을 쓰는 곳에 자신이 얼마나 성장했는지 적고, 상의 이름도 정해서 씁니다. 내용을 모두 채우면 예쁘게 채색한 뒤, 테두리를 따라 자릅니다.

2 접는 선을 모두 접고 풀칠하기

안쪽의 접는 선을 모두 접은 후, 붙이는 면에 풀칠해서 상자 모양으로 만듭니다.

③ 회색 부분 잘라내기

납작하게 눌러 접은 상태에서 회색 부분을 가위로 잘라냅니다.

④ 반대쪽 회색 부분 잘라내기

반대쪽으로 눌러 접은 후 남은 회색 부분을 잘라냅니다.

5 트로피 모양으로 만들고, 리본끈 묶기

리본 끈을 넉넉하게 잘라서 준비합니다. 회색 부분을 잘라내서 구멍이 생긴 부분의 가운데로 리본 끈이 오도록 놓습니다. 다음으로 구멍이 보이지 않도록 가운데로 쏙 들어가도록 꽉 조이며 묶습니다. 한 번 더 매듭을 지어 풀리지 않도록 합니다. 리본 모양으로 묶어주세요.

손의 조작 능력이 아직 덜 발달하여 이 과정이 어려운 경우에는 머리 고무줄을 사용해 끼워서 조여줄 수도 있습니다.

6 트로피 모양 다듬기

트로피 안으로 손을 넣어서 안으로 말려 들어간 부분이 밖으로 튀어나오도록 트로피 모양을 다듬어 주세요. 리본(고무줄)이 묶인 부분을 살짝 꺾어주면서 모양을 잡으면 좋아요. 모양이 잘 잡히면 완성입니다.

 나의 성장한 점을 인정하고 칭찬하는 활동을 통해 긍정적인 자아 이미지를 심어줄 수 있습니다. 직접 만든 트로피를 보며 자부심을 느끼고 자신감을 향상시킬 수 있을 것입니다.

떡국 카드

준비물

채색 도구
사인펜, 마카, 매직,
색연필, 흰색 젤 펜 등

활동지
120g 두께의
A4 용지에 인쇄

가위, 풀

색종이

검정 네임펜

설날에 먹는 대표 음식 중 하나인 떡국에 대해 탐색하고, 떡국을 먹는 문화에 담긴 전통적인 가치를 이해할 수 있는 활동입니다.

활동 순서

활동지는 카드로 만드는 기본 형태와 떡국 꾸미기만 할 수 있는 형태가 준비되어 있습니다. 진행하고자 하는 수업 목표에 맞춰 활용할 수 있습니다.

1 활동지 꾸미고 자르기

활동지의 표지와 속지 그림을 채색한 뒤, 속지 도안에는 가족에게 마음을 전하는 편지글을 적습니다. 내용을 모두 채웠으면 활동지의 그림을 가위로 자릅니다.

235

❷ 접는 선을 따라 접기

표지 위쪽의 접는 선을 따라 접으세요.

❸ 접은 면 뒤쪽에 풀칠하기

표지의 접은 면 뒤쪽에 풀칠하세요.

4 속지 붙이기

속지를 연결해 붙이세요. 속지 위에 표지를 놓고 덮어서, 붙이는 면을 접어 붙이면 카드 모양이 완성됩니다.

5 고명 표현하기

색종이를 이용해서 표지 위의 떡국 그림에 고명을 표현합니다. 고명은 음식 위에 올려서 음식의 모양과 빛깔을 돋보이게 해주는 것입니다.

　소고기, 계란, 김, 청고추, 홍고추를 색종이로 표현할 수 있습니다. 색종이는 4분의 1 크기만 있으면 충분합니다. 노랑, 검정, 갈색의 색종이를 길고 얇게 잘라주세요. 3장을 겹쳐 잡고 길고 얇은 막대를 3개 자릅니다.

6 자른 막대 반으로 자르기

길게 자른 색종이를 다시 반으로 잘라서 준비해둡니다.

7 나뭇잎 모양 그리기

빨강과 초록 색종이를 반으로 접은 후, 접은 쪽이 아래로 향하도록 둔 채로 끝이 뾰족하고 둥그스름한 나뭇잎 모양을 2겹으로 그립니다.

8 테두리를 따라 자르기

3개씩 그린 후, 안쪽 선부터 바깥쪽 테두리 순서로 자른 다음 펼치면 이렇게 고추를 비스듬하게 썬 모양이 나옵니다.

9 막대 모양 고명 배치하기

떡국 그림의 가운데에 노랑, 갈색, 검정 막대 모양 색종이를 Y자 모양으로 배치합니다. 김, 소고기, 계란 고명을 표현하는 것입니다.

🔟 나뭇잎 모양 고명 배치하기

그 위에 빨강과 초록색 나뭇잎 모양 색종이를 붙여 청고추와 홍고추 고명도 표현합니다. 이렇게 떡국 카드 만들기 완성입니다.

뜨끈한 떡국 한 그릇을 먹으면 몸도 마음도 따듯한 느낌이 듭니다. 떡국 카드에 담긴 진심 어린 메시지를 주고받으며 활기찬 새해를 준비할 수 있습니다.

활동 3

졸업 및 종업 모빌

준비물

채색 도구
사인펜, 마카,
색연필, 흰색 젤 펜 등

활동지
120g 두께의
A4 용지에 인쇄

가위, 풀

검정 네임펜

학생들이 자신의 졸업 또는 종업을 기념하는 모빌을 만듭니다. 이 활동을 통해 졸업과 종업의 의미와 중요성을 이해하고 표현할 수 있습니다.

활동 순서

6학년의 경우 졸업 모빌을 그 외 학년은 종업 모빌 활동지를 사용합니다.

❶ 활동지 꾸미고 자르기

활동지 그림 중 상장 안에는 자신에게 주는 상으로 내용을 채우고, 꽃 리본 안에는 졸업이나 종업을 축하하는 간단한 메시지를 적은 뒤, 모두 색칠하고 자릅니다.

❷ 받침대 만들어 붙이기

글씨 받침대의 접는 선을 접고 붙여서 받침대를 만듭니다. 받침대는 옆구리를 안쪽으로 눌러 접은 뒤, 글씨 뒷면에 붙입니다.

❸ 글씨 붙이기

학사모 가운데에 글씨를 붙이세요.

④ 모빌 끈 붙이기

모빌 끈 3개를 학사모의 별표가 있는 곳 뒤로 붙이세요. 가운데를 먼저 붙인 후, 양옆은 바깥쪽으로 살짝 펼쳐지도록 모양을 잡아 붙입니다.

⑤ 모빌 장식 배치하기

모빌 끈 위로 모빌 장식들을 어울리게 배치한 뒤, 끈에 풀칠하여 장식들끼리 겹치지 않도록 모두 붙입니다. 모빌 끈은 끝부분이 보이지 않도록 붙여주세요.

졸업 모빌이 완성되었습니다. 종업 모빌은 글씨만 다르게 구성되어 있습니다.

　학생들의 삶과 밀접한 관련이 있으면서도 미술과의 성취기준을 달성할 수 있는 다양하고 쉬운 활동으로 구성했습니다. 미술로 소통하며 따뜻한 교실을 만들 수 있기를 바랍니다. 교사도 학생도 부담 없이 편안하게 참여하는 미술 수업을 통해 진정으로 미술 수업을 즐기고 자신의 작품에 성취감과 자신감을 느낄 수 있습니다. 서로의 작품을 존중하는 분위기 속에서 따뜻하고 행복한 교실이 될 것이라고 믿습니다.

Part 5
미술 활동으로 특별한 수업 만들기

협동 작품으로
우정이 샘 솟는 교실 만들기

일 년 내내 붙여둘 수 있는 사계절 협동 작품을 지도하고 완성하는 방법과 계절의 변화를 느낄 수 있도록 교실 환경을 꾸미는 단체 및 모둠 협동 작품을 지도하는 방법을 알아보겠습니다.

협동 작품 만들기는 학생들이 각자 맡은 조각을 완성하고 이를 하나의 큰 작품으로 연결하는 과정이 포함되어 있습니다. 완성된 하나의 작품을 탄생시키기 위해서는 서로 협력적 의사소통이 필요합니다.

다른 학생들과 의견을 나누고 조율하며 소통하는 과정에서 의사소통 능력과 타인에 대한 이해와 배려 등의 사회적 기술이 향상됩니다. 자연스럽게 협동심과 학급의 결속력을 강화할 수 있습니다. 또한 각자가 맡은 부분을 완성해야 전체 작품이 완성되기 때문에 자신의 역할에 대한 책임감도 기를 수 있습니다.

무엇보다 완성된 작품을 함께 공유하며 자신의 작품이 큰 그림의 일부분이 되어 공동체 작품에 기여했다는 경험을 할 수 있습니다. 이를 통해 성취감을 느끼고 학급 내 정서적 안정감을 강화할 수 있습니다.

활동 1 사계절 교실을 빛내줄 단체 협동 작품 만들기

새 학기 교실 환경 꾸미기 프로젝트 및 서먹한 분위기를 깨뜨려 줄 수 있는 협동 작품으로 적절한 활동입니다. 이 작품은 한번 만들어서 일 년 내내 붙여둬도 어색함이 없도록 준비했습니다. 새 학기에 친구들과 협동하여 만든 작품이 사계절 내내 학급 교실을 빛내줄 것입니다. 계절에 따라 테두리의 장식만 계절감이 느껴지도록 바꿔주면 금상첨화입니다.

준비물

채색 도구
사인펜, 마카, 매직,
색연필, 흰색 젤 펜 등

활동지
120g 두께의
A4 용지에 인쇄

배경용 색지 4절지나 8절지
색지가 없는 경우
그림 조각을 맞추는 용도로
흰 도화지 사용 가능

가위, 풀

활동지를 준비합니다. 활동지는 가운데 주제 글씨에 따라 두 종류로 나누었습니다. 하나는 주제 글씨가 '행복한 우리 반'이며, 다른 하나는 '행복한 학교로'입니다. 협동 작품을 교실에 붙일지, 여러 학생이 보는 학교 공용 공간에 붙일지 목적에 따라 적합하게 활용할 수 있습니다. 주제 글씨 외에 나머지 그림들은 같습니다.

각각의 주제 글씨별 활동지는 12분할, 16분할, 24분할, 30분할로 구분되어 있는데요. 학급 학생 수와 딱 맞는 분할 수가 없다면 반 아이들 수보다 조금 많은 분할을 선택하여, 먼저 끝낸 친구들이 남은 분할 조각들을 협동하여 칠할 수 있도록 지도해 주세요.

또는 적은 분할 수를 선택하여 활동지를 출력 후, 1장을 반으로 나눠 2명에게 나눠 주는 방법도 있습니다.

소규모 학급이라면 1인 2~3장 색칠하도록 하고, 하루에 하기 힘들다면 며칠에 걸쳐 프로젝트 형식으로 진행할 수 있습니다.

각자 역할을 나누고, 전체적인 그림을 보며 큰 주제, 즉 배경, 중심이 되는 사람, 큰 물건 등은 어떤 계열의 색으로 채색할지 토의하는 시간을 가진 뒤 색칠을 시작하면 전체적으로 통일성 있는 협동 작품이 완성됩니다. 서로 의견을 나누고 의사를 결정하는 과정에서 학생들은 의사소통 능력과 문제 해결 능력을 자연스럽게 습득하게 될 것입니다.

세세한 그림은 굳이 정하지 않고 자유롭게 칠해서 이어붙여도 좋습니다. 또는 약속을 정하지 않고 바로 시작할 수도 있는데요. 다년간의 지도 경험을 떠올려 보면 약속을 정하지 않아도 아이들은 서로 이어지는 그림을 찾아 서로서로 소통하고 색을 맞춰나가는 모습을 보였습니다. 협동 작품이 갖는 가장 큰 강점이 바로 이 점이 아닐까 생각합니다.

주의할 점은 학생들이 모두 똑같은 색깔로만 할 필요는 없다는 것입니다. 예를 들어 배경을 파랑 계열로 하기로 했다면 파란색만 쓸 필요가 없고, 파란색과 비슷한 계열의 푸른색을 써도 된다는 것을 안내해 주세요. 파란색보다 조금 연하거나 조금 진한 색으로 채워도 전체적인 그림에는 문제가 없답니다.

협동 작품의 배경지를 색지로 만들 경우, 학생들이 각자 맡은 작품을 채색하는 동안 8절지나 4절 색지를 이어붙여 완성 작품이 들어갈 수 있는 크기의 큰 배경지를 만듭니다. 보통 12분할이나 16분할은 4절지 4장으로, 24분할과 30분할은 4절지 6장으로 만들면 충분합니다. 크기가 가늠되지 않을 때는 활동지 중 1~2장을 미리 출력한 뒤, 각 그림 조각의 크기를 재어서 전체적인 가로, 세로 길이를 파악해보면 됩니다. 파악한 길이에 맞춰 색지를 준비하는 것입니다.

배경 색지를 이어 붙인 뒤, 칠판에 자석으로 붙여두기
(8절지 8장 연결 예시)

색지를 이어 붙일 때는 서로 맞닿도록 놓고, 테이프로 군데군데 붙입니다. 전부 다 연결하면 테이프를 붙인 면이 뒤로 가도록 사진으로 보이는 것처럼 칠판 위에 자석으로 고정합니다.

그리고 아이들이 그림 조각을 완성해 올 때마다 배경지 위에 그림 조각들을 맞춰나가는 것입니다. 처음부터 풀로 붙이면 안 되고, 먼저 자석으로 그림 순서에 맞게 배열해둡니다.

학생들이 각자 맡은 조각을 완성할 때마다 자석으로 순서에 맞게 붙여 나가기
(24분할 예시 작품)

학생들은 점점 완성되어가는 그림을 보며 감탄하게 되고, 작은 그림 1장이 모이고 모여서 하나의 큰 작품이 되는 놀라운 공동체 미술 활동을 경험하게 됩니다.

학생들의 개별 작품 조각을 모두 모으면 이제 풀로 붙여서 고정해야 합니다. 이때 1번 그림부터 붙이면 안 됩니다. 학생들이 색칠하고 잘라 오면 그림의 테두리가 일정치 않아서 1번 그림부터 맞추게 되면 전체적인 그림이 많이 틀어지게 되는 당혹스러운 상황을 만날 수 있습니다.

따라서 작품을 완성할 때는 가운데 중심이 되는 그림을 먼저 붙입니다. 그리고 좌우 그림을 붙여 가운뎃줄을 완성한 뒤, 위아래 방향으로 붙여나가야 그림의 틀어짐을 최소화할 수 있습니다. 또한 그림 조각들을 맞춰가며 조금씩 틀어지는 경우도 멀리서 보면 크게 문제가 되지 않으므로 적당히 붙여나가면 됩니다.

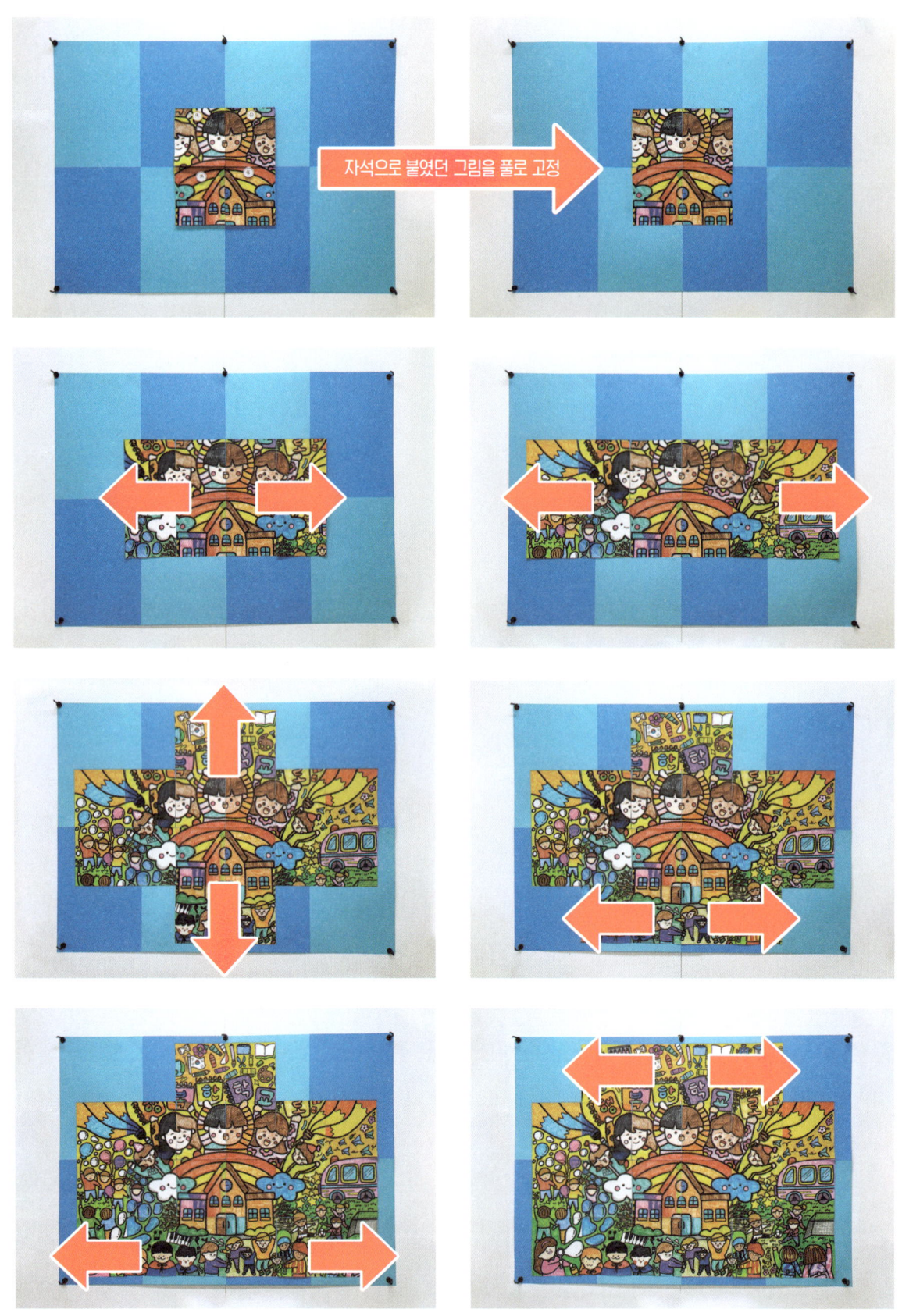

학생들의 개별 그림 조각들이 모두 모이면
중심이 되는 가운데 그림부터 붙이고, 좌우, 상하 방향으로 붙여나가기

배경 그림 24분할 붙이기 끝!

그림 조각을 전부 붙인 후에 그 위로 학생들의 개별 꾸밈 장식을 적절하게 붙여 완성하면 됩니다. 얼굴 꽃장식은 좌우에 있는 물감 무지개 모양 위쪽으로 붙이거나 테두리를 따라 붙입니다. 얼굴 꽃장식을 테두리 위로 붙일 때는 물감 무지개 모양 위에 학생들이 행복한 학교생활을 위해 지켜야 하는 규칙이나 친구들에게 하고 싶은 말, 자신의 꿈 등을 네임펜으로 적도록 해도 좋습니다. 나머지 꽃장식들도 테두리에 붙여 완성합니다.

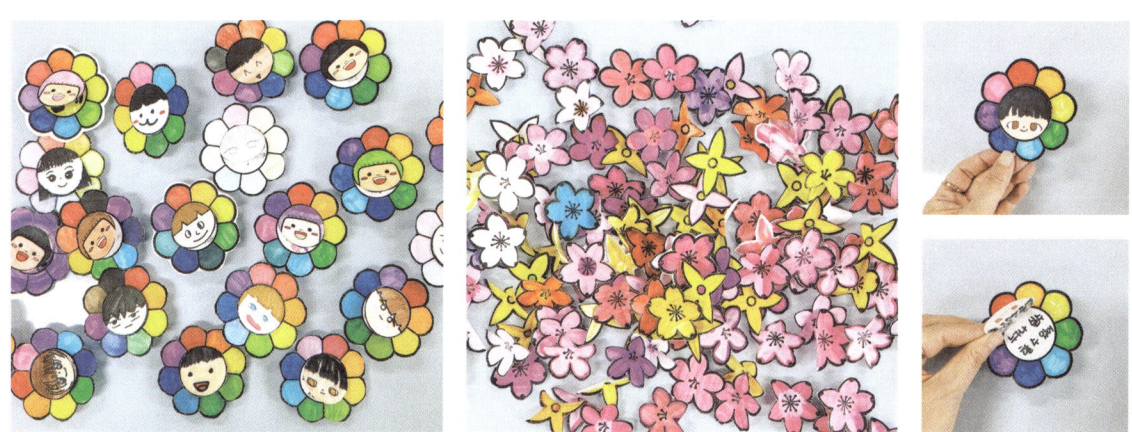

학생 개별 장식 모으기

학생 개별 장식 배경 그림 위로 붙이기

행복한 학교(우리반)을 위해 우리가 지켜야 할 일을
무지개 위와 양옆의 물감 무지개 위로 써봐도 좋아요!

이렇게 새 학기에 협동 작품을 완성하여 게시해두고, 계절이 바뀔 때마다 계절별 장식을 새로 만들어 테두리만 변화를 주면 됩니다. 이전 계절에 붙였던 장식을 떼어내고 그 위에 새로운 계절 장식을 붙여주는 간단한 활동으로 계절에 따라 분위기를 바꿀 수 있게 된답니다.

다른 계절로 장식을 바꾼 사계절 협동 작품 예시

지난 계절 장식들은 떼어내고 계절이 바뀔 때마다
각 계절별 꾸밈 장식을 따로 만들어 협동 작품의 테두리에 둘러서 붙여주기

　철마다 협동 작품을 새로 만들어서 붙이기가 어려운 경우, 이 작품을 활용해보시기를 추천합니다. 협동 작품을 만드는 경험은 학생들이 단순히 그림을 색칠하는 것을 넘어 함께 협력하고 성취감을 느낄 수 있는 활동입니다. 그 속에서 친구들과의 우정도 자연스럽게 빛나게 해 줄 것입니다.

활동2 계절별 단체 협동 작품

　이전의 사계절 협동 작품이 일 년 내내 교실을 빛내는 작품이라면 이번에 소개하는 작품은 계절별로 바꿔 붙이는 협동 작품입니다. 계절의 특징이 드러난 배경 그림 위에 분위기에 걸맞은 여러 꾸밈 장식을 붙여 완성합니다. 이 작품은 모든 계절마다 새롭게 바꿔 붙이거나 필요한 계절에만 목적에 맞게 사용할 수 있습니다.

　단체 협동 작품을 만드는 과정은 이전의 사계절 협동 작품을 만드는 방법과 같습니다. 봄, 여름, 가을, 겨울별로 협동 작품의 완성된 모습을 사진으로 만나보겠습니다.

봄 단체 협동 작품, 여교사·남교사 버전이 있어요.

여름 단체 협동 작품

가을 단체 협동 작품

겨울 단체 협동 작품

겨울 트리 단체 협동 작품

겨울은 트리 모양으로 만든 협동 작품도 있습니다. LED 줄 조명을 겨울 협동 작품이나 트리 협동 작품 위에 둘러주면 훨씬 따뜻한 겨울 교실 분위기를 연출할 수 있습니다.

활동3 우정이 빛나는 모둠 협동 작품

　반 전체가 함께하는 단체 협동 작품과 달리 짝과 함께하거나 모둠원이 같이 만드는 작은 협동 작품도 있습니다. 2명 또는 4명이 하는 협동 작품이기 때문에 훨씬 과정이 단순합니다. 처음 협동 작품을 시도할 때 해보는 것을 추천합니다.

　인원이 적기 때문에 전체적으로 색을 정하기 위해 시간이 소요되지 않으며, 같은 자리에 있는 친구들끼리 서로 자유롭게 의사소통을 하며 색을 맞춰나가는 모습을 볼 수 있습니다.

　저는 주로 모둠별로 협동 작품 만들기를 시킵니다. 이때 각 그림 조각들을 누가 맡을지도 학생들끼리 정하게 합니다. 활동지만 모둠별로 나눠주고 그 이후의 활동들은 학생들이 스스로 계획하고 진행하도록 하는 것입니다. 서로 의견을 맞추고, 자르고 연결하는 것 모두 말입니다.

　조각들을 서로 연결할 때 잘 맞지 않는 경우 어떻게 문제를 해결할지 의논하는 모습도 보았습니다. 4장의 그림을 이어놓고 보니 가위질이 서툰 친구가 뭉텅 잘라버려 그림 사이가 좀 많이 벌어진 곳이 생긴 적도 있습니다. 어떻게 할까 의논하더니 연결 부분의 그림을 그려 넣고 색을 채우는 모습에 감탄했습니다. 선생님의 교실에서도 분명 비슷한 일이 일어나는 경험을 하게 되시리라 기대하며, 첫 번째 모둠 협동 작품으로 '우정 글씨 꾸미기' 활동을 준비했습니다.

　활동지를 보시면 모든 모둠 협동 작품은 1인용, 2인용, 4인용이 있으므로 학급 상황에 맞게 짝 또는 모둠으로 활동을 계획한 뒤 진행합니다.

　우정 글씨 꾸미기 협동 작품은 가운데 주제어로 크게 그려져 있는 '우정' 글씨 안을 꾸며볼 수 있도록 안내합니다. 무늬를 넣거나 우정과 관련된 작은 그림들을 그려 넣어도 좋습니다. 그리고 각각 맡은 그림 안에 말풍선이 하나씩 있는데, 그 안에 친구와 우정을 빛낼 수 있는 다정하고 따뜻한 말을 적을 수 있도록 합니다.

　주제에 맞게 내용을 채우고 색칠하면 잘라서 4장의 그림을 이어붙입니다. 모둠 협동 작품의 활동지는 서로 연결하는 부분을 빗금으로 표시해두었으므로 그 부분을 남기고 나머지 테두리만 자르면 됩니다. 활동지 4장만 이어붙여서 게시해도 예쁘고, 뒤에 색지를 배경지로 한 번 더 덧댄 뒤 게시할 수도 있습니다.

완성 작품의 모습을 사진으로 만나보겠습니다.

'우정 글씨 꾸미기' 모둠 협동 작품

✦ 선택 활동 ✦ 계절을 빛내줄 모둠 협동 작품

다음으로는 각 계절의 이름을 꾸며 교실에 계절 분위기를 무르익게 해주는 모둠 협동 작품을 소개해드리겠습니다. '봄, 여름, 가을, 겨울 글씨 꾸미기' 작품입니다.

이 작품도 우정 글씨 꾸미기와 마찬가지로 각 계절의 이름 글씨 안을 계절별 관련 이미지로 꾸밀 수 있도록 한 뒤, 같은 방법으로 지도합니다. 특히, 계절별 모둠 협동 작품은 계절별 단체 협동 작품과 어우러지도록 게시하면 그 효과가 배가 됩니다.

'봄 글씨 꾸미기' 모둠 협동 작품

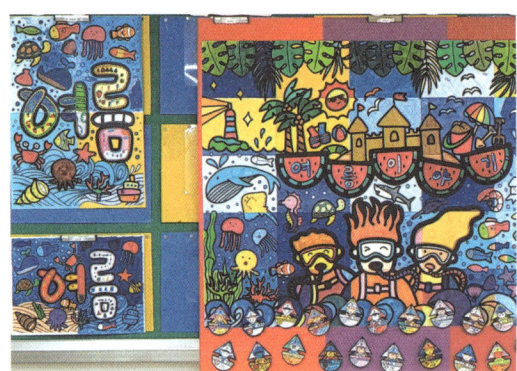

여름 단체 협동 작품 + '여름 글씨 꾸미기' 모둠 협동 작품

'가을 글씨 꾸미기' 모둠 협동 작품

'겨울 글씨 꾸미기' 모둠 협동 작품

겨울 트리 단체 협동 작품 + 겨울 글씨 오너먼트 꾸미기

    우정이 샘 솟는 교실을 만드는데 기여할 수 있는 모둠 및 단체 협동 작품 활동을 알아보았습니다. 협동 작품을 만드는 활동을 통해 학생들이 공동체 문화 발전에 참여하는 경험을 할 수 있게 되기를 바랍니다.

디지털 드로잉으로
에듀테크 미술 수업하기

디지털 드로잉을 위해 필요한 스케치북 앱의 기본 사용법과 대칭 기능 및 트레이싱 기법을 활용하는 방법을 알아보겠습니다. 미술 수업 및 타 교과와의 융합 수업에 쉽게 적용할 수 있습니다.

학생들이 표현 활동을 할 때 다양한 표현 방식을 사용할 수 있습니다. 디지털 매체도 하나의 표현 도구가 될 수 있음을 알게 해 주는 수업입니다. 디지털 매체를 사용해 자신이 표현하고자 하는 주제를 계획하고 이끌어감으로써 신체적 감각과 지각을 확장할 수 있습니다.

디지털 드로잉을 위해 필요한 도구는 드로잉이 가능한 태블릿 PC와 터치펜입니다.

도구가 준비되었다면 이제 디지털 드로잉을 위한 앱을 준비해야 합니다. 디지털 드로잉을 할 수 있는 여러 가지 앱들이 있지만, 이 책에서는 '스케치북'이라는 앱을 사용해보겠습니다. 이 앱은 화면 구성이 직관적이어서 쉽게 접근할 수 있습니다. 무엇보다 아이폰, 안드로이드폰과 같은 모바일 기기를 비롯하여 아이패드, 갤럭시 탭, PC 등 요즘 사용하는 거의 모든 기기에서 사용할 수 있습니다. 다만, PC에서는 프로 버전(유료)만 다운로드 받을 수 있습니다.

스케치북 어플 인터페이스 살펴보기

화면에 보이는 아이콘 모양을 확인하고 앱을 설치합니다.

이해가 어려운 부분이 있다면 스케치북 앱 지원 사이트에 방문하여 도움을 받을 수 있습니다.

앱을 설치한 뒤 실행합니다. 스케치북 앱의 기본 인터페이스에 대해 살펴보겠습니다. 앱의 모든 기능을 알 필요는 없습니다. 같은 기능이어도 사람마다 쓰는 방법이 다르고 표현하는 방법이 차이가 있기 때문입니다. 대표적인 기능만 알고 그림을 그리면서 필요한 기능들을 추가로 알아가면 됩니다.

우리가 종이에 그림을 그릴 때 종이, 채색 도구가 필요하듯이 디지털 드로잉을 할 때도 종이 대신 캔버스와 레이어, 채색 도구 대신 브러시와 색상 팔레트가 필요합니다.

이후 제시한 이미지는 아이패드에서 보이는 화면입니다. 다만 사용하는 디바이스마다 보이는 인터페이스가 조금씩 다를 수 있습니다. 하지만 직관적으로 구성된 앱이므로 설명을 보고 본인이 가진 기기에서 해당 메뉴가 어디에 있는지 천천히 찾아보면 금방 익숙하게 다룰 수 있습니다.

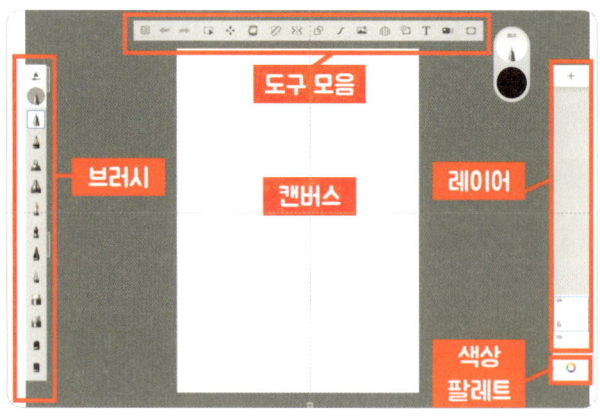

기본 인터페이스는 다음과 같습니다. 상단에 도구 모음, 왼쪽에는 브러시 메뉴, 오른쪽에는 레이어와 색상 팔레트 메뉴, 가운데는 그림을 그리는 캔버스로 구성되어 있습니다. 각 메뉴들을 간단히 살펴보겠습니다. 설명을 따라 직접 앱에서 한 번씩 다루어 보면 좋습니다.

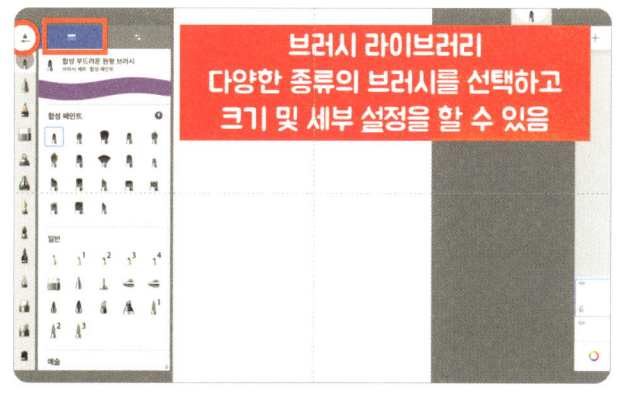

왼쪽의 브러시 메뉴에서 제일 위쪽을 누르면 브러시 라이브러리입니다. 다양한 종류의 브러시를 선택하고 크기 및 세부 설정을 할 수 있습니다.

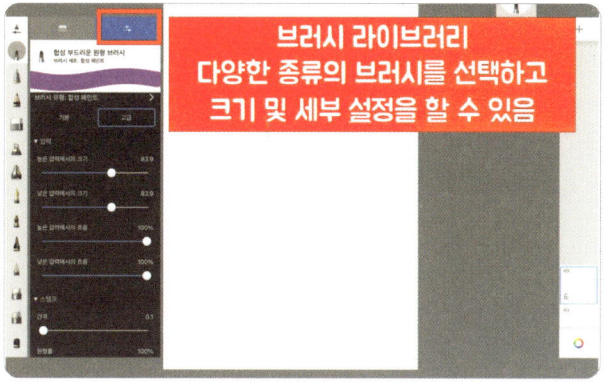

옆에 붙어 있는 길고 얇은 슬라이드 바를 위아래로 움직이면 브러시의 크기와 불투명도를 조절할 수 있습니다.

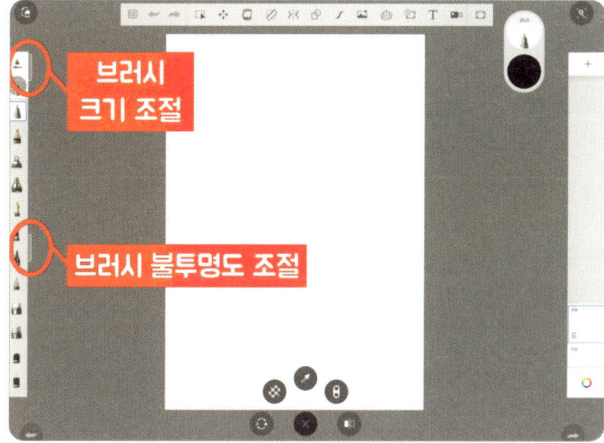

오른쪽의 레이어 편집기를 보겠습니다. 위쪽의 + 모양을 누르면 새로운 레이어가 추가됩니다.

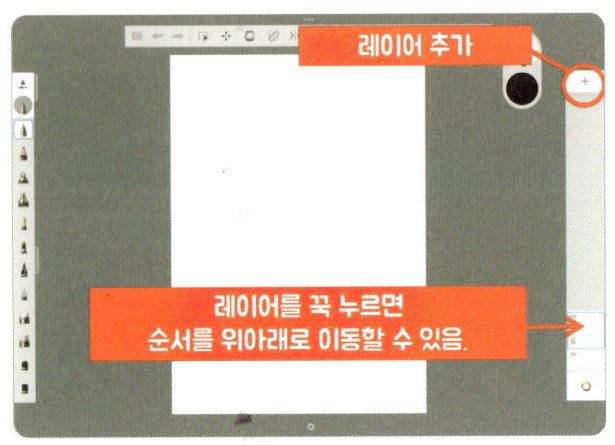

만들어진 레이어를 꾹 누르면 위아래로 움직이며 레이어의 순서를 변경할 수 있습니다.

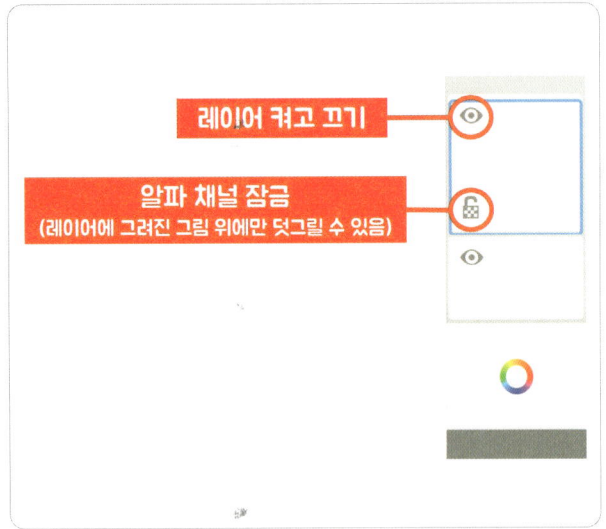

하나의 레이어 창에 보이는 눈 모양은 레이어를 끄고 켜도록 합니다. 필요 없는 레이어를 안 보이게 하거나 그림이 그려진 레이어를 찾을 때 유용합니다.

아래쪽에 있는 자물쇠 모양을 클릭해서 잠금 모양으로 두면 알파 채널 잠금 기능이 되는데요. 이 기능은 레이어에 그려진 그림이 있을 때 그 위로만 덧그려지도록 합니다.

하나의 레이어를 선택하면 이렇게 레이어 설정창이 뜹니다. 복사, 잘라내기, 붙여넣기, 지우기는 선택 툴로 선택된 레이어 그림의 특정 부분이나 전체를 복사, 잘라내기, 붙여넣기, 지우기 할 때 사용합니다.

중복은 레이어를 복제할 때, 병합은 그 아래 레이어와 합칠 때, 모두 병합은 모든 레이어를 하나의 레이어로 합칠 때, 삭제는 레이어를 삭제할 때 씁니다.

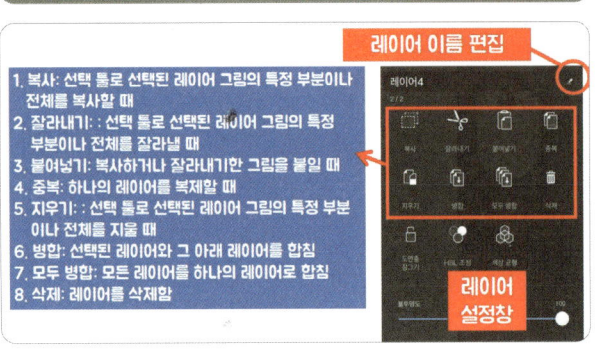

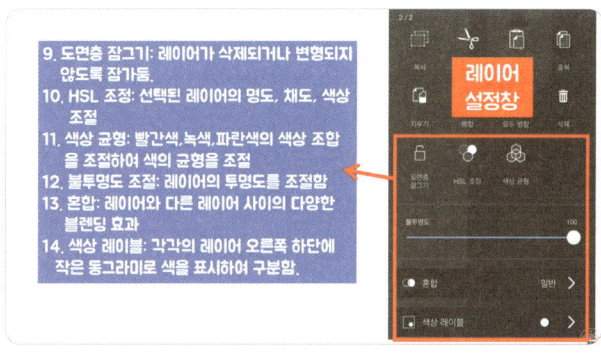

도면층 잠그기는 레이어가 삭제되거나 변형되지 않도록 보호할 때, HSL 조정과 색상 균형은 레이어의 색상을 조정할 때, 불투명도 조절은 레이어의 투명도를 조절할 때 씁니다.

혼합은 레이어와 다른 레이어 사이의 다양한 블렌딩 효과를 얻을 때, 색상 레이블은 각각의 레이어 오른쪽 하단에 작은 동그라미로 색을 표시하여 구분할 때 씁니다.

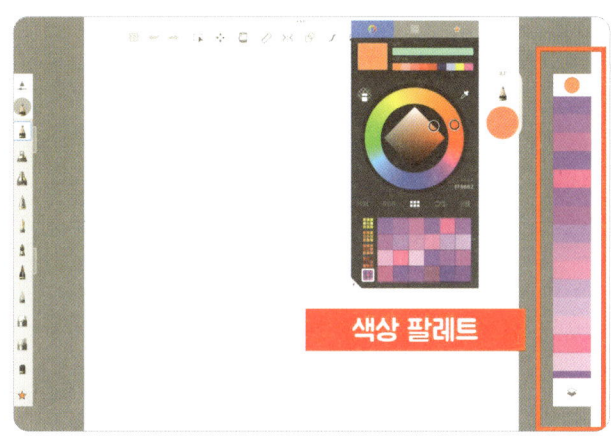

레이어 편집기 아래에 보이는 색상 팔레트를 클릭하면 레이어가 있던 곳이 팔레트로 바뀌게 되고, 상단의 색상원을 클릭하면 팔레트 창이 새로 뜹니다.

기본 팔레트는 색상 팔레트 위의 작은 동그라미 두 개를 움직여 색을 선택할 수 있습니다.

색상 원 왼쪽의 투명 색상을 클릭하면 레이어의 그림을 브러시의 질감을 살려 지울 수 있습니다.

오른쪽 스포이드 모양을 클릭하면 레이어 위에 과녁 모양의 원이 나타나게 되는데 이 원을 움직여 원하는 색상을 추출할 수 있습니다. 스포이드 기능은 레이어 위를 손가락으로 꾹 눌러도 사용할 수 있습니다.

다양성 팔레트 모양을 클릭하면 비슷한 색상들을 묶어둔 그룹에서 쉽게 색상을 선택할 수 있습니다. 색상 선택이 어려울 때 사용하면 편리합니다.

화면 아래쪽의 작은 동그라미로 보이는 마킹 메뉴를 클릭하면 5개의 작은 메뉴가 보입니다.

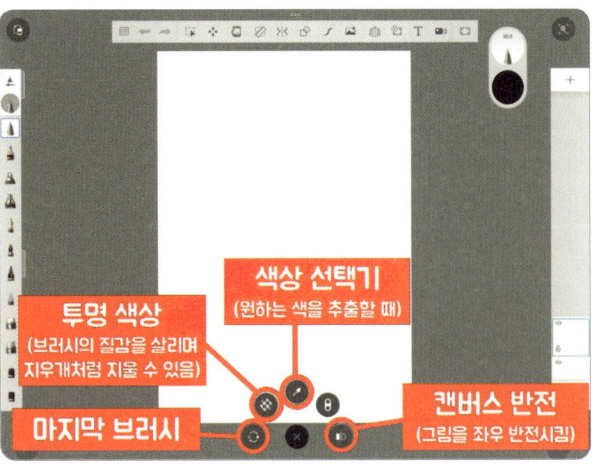

왼쪽부터 이전 브러시로 돌아가는 마지막 브러시, 투명 색상, 색상 선택기, 더블퍽, 캔버스의 그림을 좌우 반전시키는 캔버스 반전 메뉴가 있습니다.

이 중에서 신호등 모양으로 생긴 더블퍽 메뉴를 클릭해 더블퍽 도구창이 팝업으로 보이도록 설정해주세요.

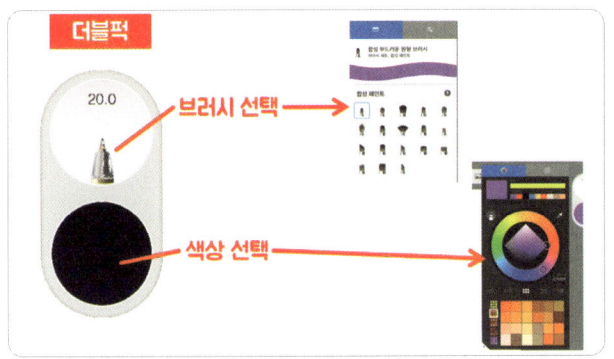

작은 더블퍽 안에 우리가 그림을 그릴 때 자주 쓰는 브러시와 색상 팔레트 기능이 모두 들어가 있어 편리한 작업 환경을 만들어 줍니다. 위쪽은 브러시 라이브러리, 아래쪽은 색상 팔레트를 열어줍니다.

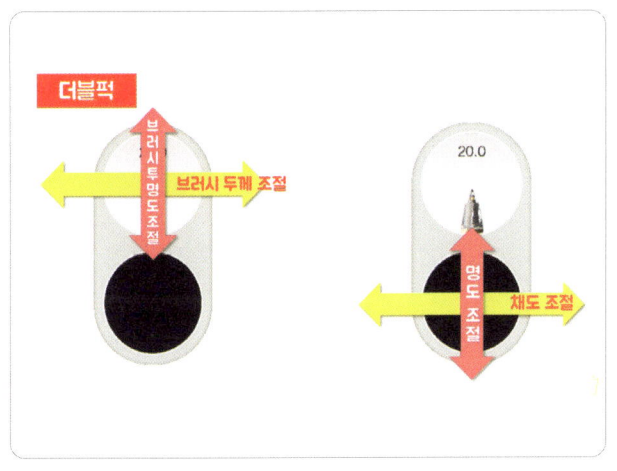

위쪽의 브러시 원 위에 펜을 대고 위아래로 움직이면 브러시의 투명도 조절, 좌우로 움직이면 브러시의 크기를 조절할 수 있고요. 아래쪽의 색상 원 위에 펜을 대고 위아래로 움직이면 명도 조절, 좌우로 움직이면 채도 조절을 할 수 있습니다. 자주 쓰게 되는 기능이므로 더블퍽은 꼭 실행시켜주세요.

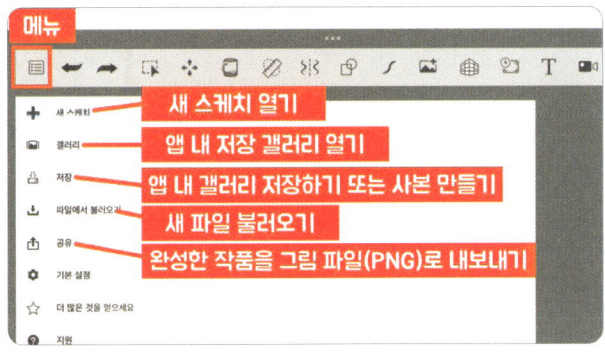

이제 상단의 도구 메뉴를 살펴보겠습니다. 가장 왼쪽의 주 메뉴를 열면 새 스케치 열기, 갤러리 열기, 저장하기, 파일에서 불러오기, 완성한 작품을 png그림 파일의 형태로 내보내는 공유와 기본 설정 등이 보입니다.

269

그림을 그리기 전에 기본 설정부터 확인해주세요.

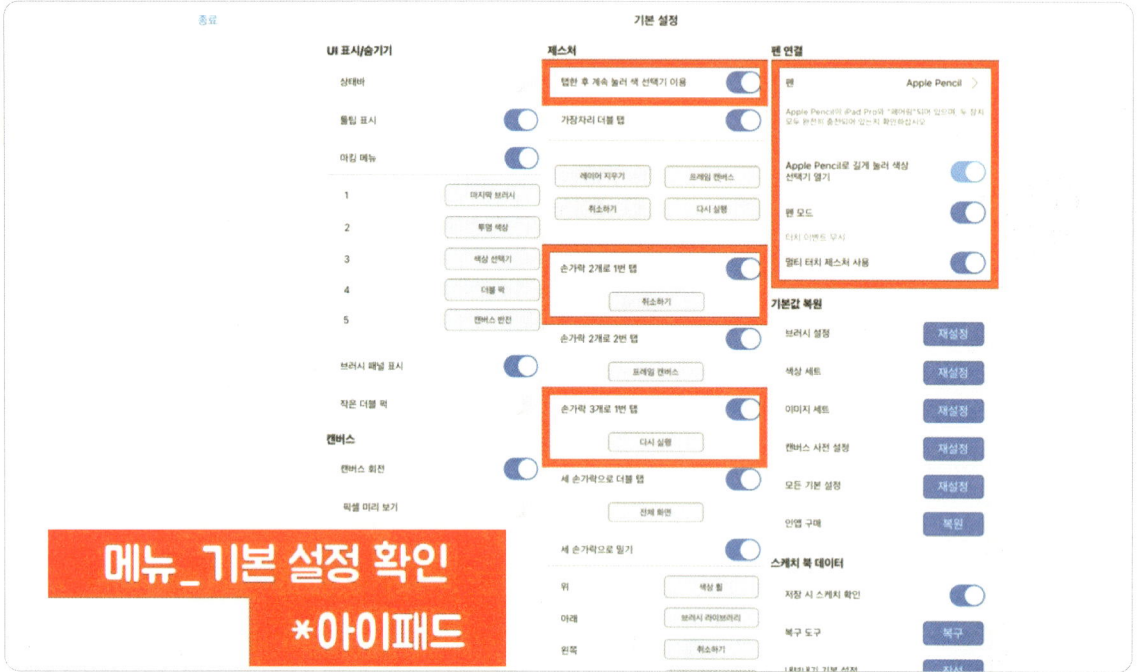

먼저 아이패드 화면에서 기본 설정 모습입니다. 화면을 보고 빨간색 상자로 체크되어 있는 부분을 확인해주세요.

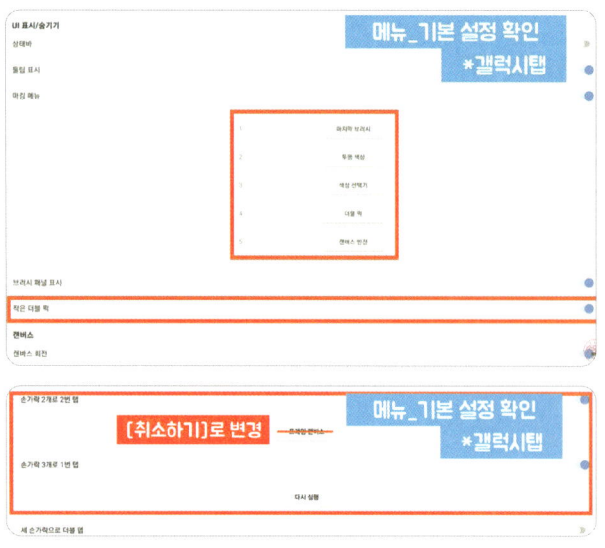

다음은 갤럭시 탭 화면에서 기본 설정 모습입니다. 화면을 보고 빨간색 상자로 체크되어 있는 부분을 확인해주세요.

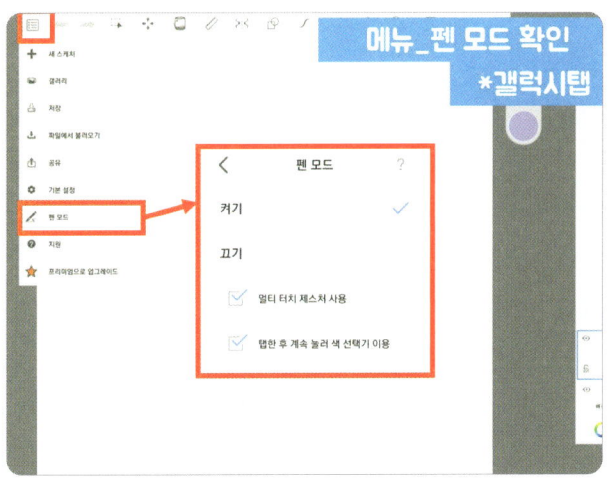

펜 모드가 선택되어 있는지 확인합니다. 제스처 기능 중 손가락 2개로 탭하기는 취소하기, 손가락 3개로 탭하기는 다시 실행으로 되어 있으면 편리합니다. 또한 탭한 후 계속 눌러 색 선택기 이용이 체크되어 있어야 손가락으로 꾹 눌러서 스포이드 기능을 사용할 수 있습니다.

그 옆으로는 되돌리기와 다시 실행이 있는데 이 메뉴는 손가락 제스처 기능으로도 사용할 수 있습니다.

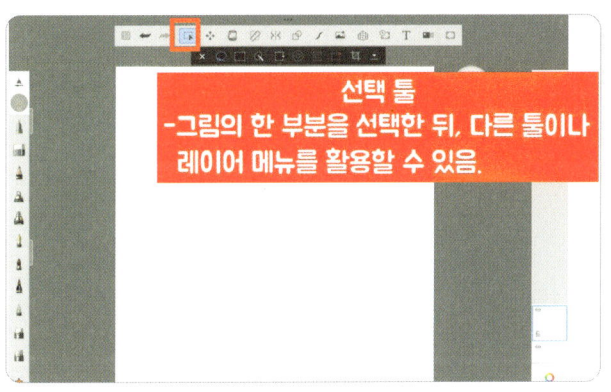

다음은 그림의 한 부분을 선택한 뒤, 다른 툴이나 레이어 메뉴를 적용할 수 있는 선택 툴입니다.

변환 툴은 그림을 이동하거나 크기를 조절할 때 사용하는데 이 툴을 선택하면 적용할 수 있는 새로운 창으로 들어가게 됩니다. 위의 메뉴를 활용해서 크기를 변형하거나 왜곡하는 등의 조정을 할 수 있습니다.

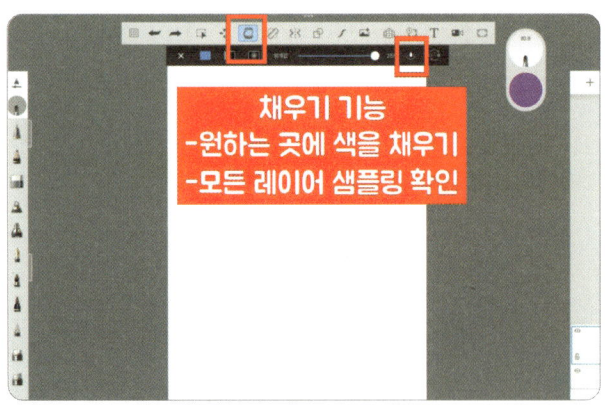

채우기 기능은 원하는 곳에 색을 채울 때 사용하는 기능입니다.

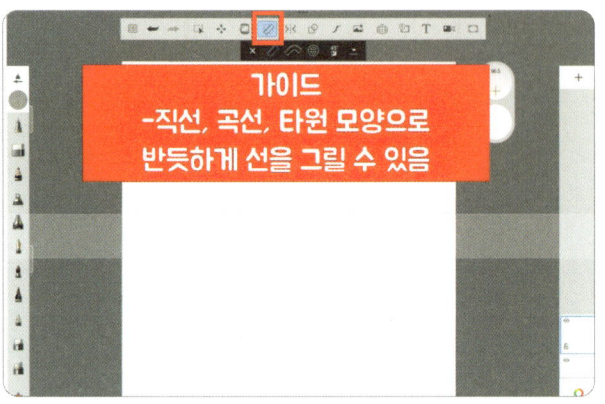

가이드는 직선, 곡선, 타원 모양으로 반듯하게 선을 그릴 때 사용합니다.

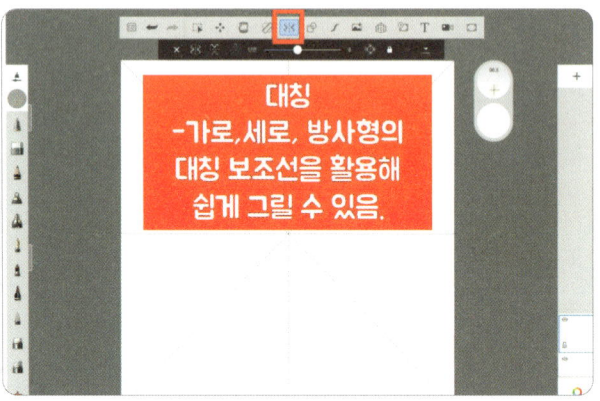

대칭 툴은 가로, 세로, 방사형의 대칭 보조선을 활용해 쉽게 그림을 그릴 수 있도록 합니다.

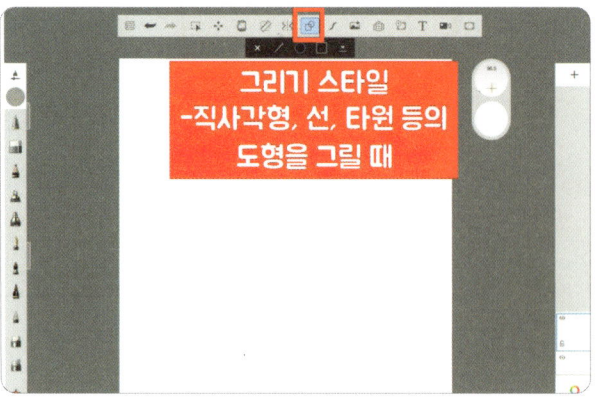

그리기 스타일은 직사각형, 선, 타원 등의 도형을 그릴 때 사용합니다.

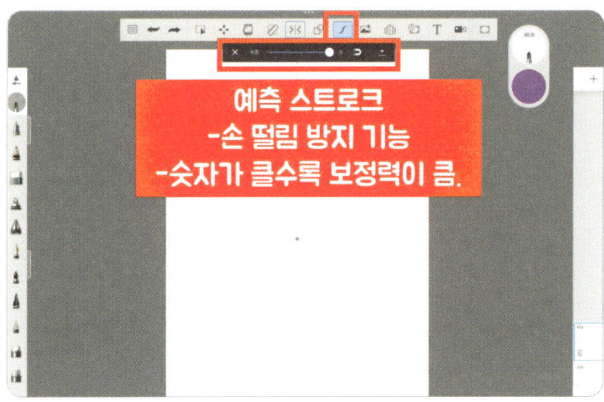

예측 스트로크 기능은 손 떨림을 방지하는 기능으로 숫자가 클수록 보정력이 큽니다. 깔끔한 선을 그려야 할 때 유용합니다.

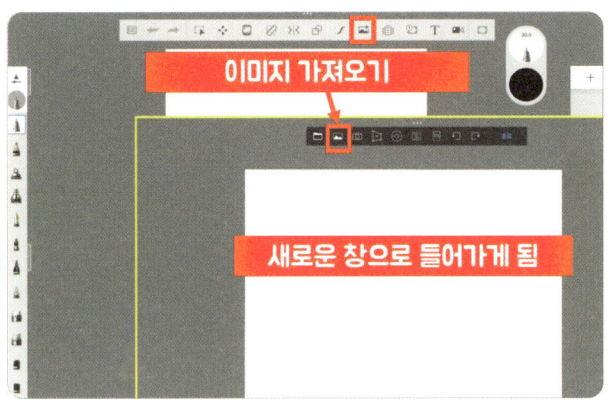

이미지 가져오기는 필요한 사진이나 그림을 가져와야 할 때 사용하며, 새로운 작업 창으로 들어가서 작업하게 됩니다.

투시 가이드는 입체감을 표현할 때 사용합니다.

도구창 자동 숨기기는 일정 시간 동안 도구창이 사라지도록 해줍니다.

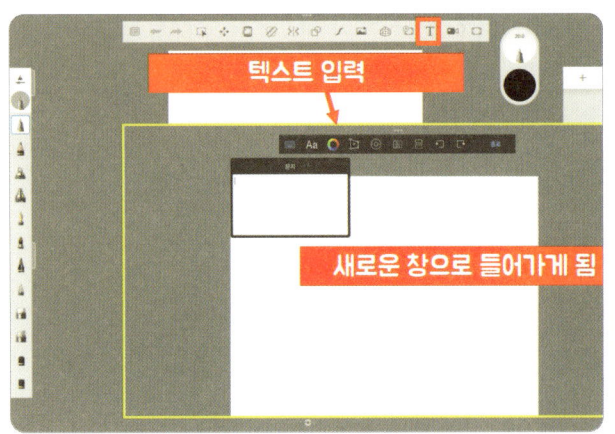

다음은 텍스트 입력이 필요할 때 사용하는 도구입니다. 새로운 작업 창이 열려서 작업할 수 있습니다.

그림 과정을 녹화하여 파일로 내보낼 수 있는 저속 촬영 도구가 있습니다.

스케치북의 UI를 모두 숨기고 캔버스를 전체 화면으로 볼 수 있도록 하는 전체화면 보기 메뉴도 있습니다. 지금까지의 설명에 따라 천천히 살펴보며 기능들을 익혀보세요.

유용한 브러쉬 추천

01. 깔끔하게 라인 그리기 좋음 기본 탭 〉 테크니컬
02. 깔끔하게 지울 때 기존 탭 〉 각진 지우개

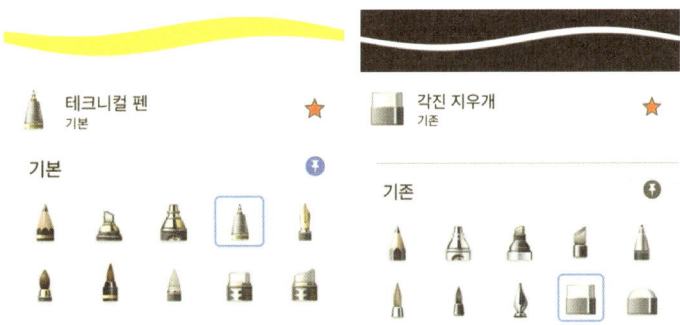

03. 몽글몽글 느낌으로 그리기

　　파스텔 탭 〉 미세 입자, 거친 입자, 수퍼 거친 입자
　　예술 탭 〉 4B~9B 연필(고급 설정에서 펜촉의 모양을 둥근 변형해서 사용하기)

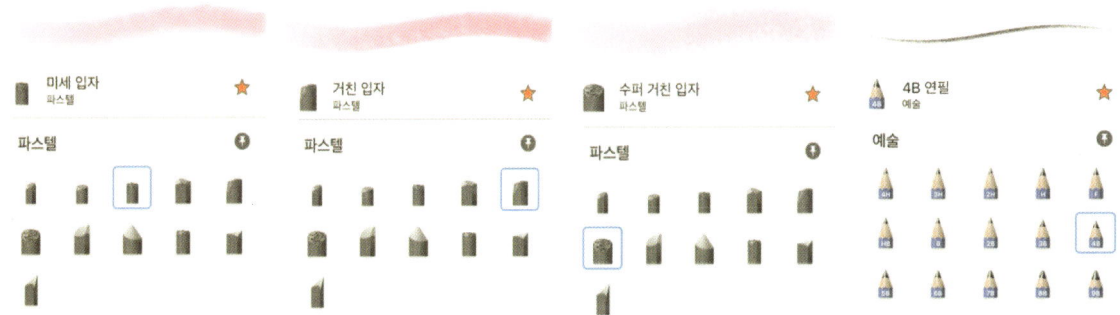

04. 반짝반짝 빛나는 효과 글로우 탭 〉 글로우 브러쉬, 글로우 십자
05. 밑그림 그릴 때 기본 탭 〉 기본 연필

 ## 대칭 기능을 활용한 디지털 드로잉
간단한 캐릭터 응원 스티커 그리기

실습을 통해 교실에서 활용할 수 있는 간단한 디지털 드로잉 활동을 익혀보겠습니다. 좌우 대칭 기능을 활용해 응원의 문구가 적힌 동물 캐릭터를 그릴 수 있습니다. 대칭 기능 외에 예측 스트로크, 텍스트, 공유 기능 등을 익힐 수 있습니다.

☞ **대칭 기능, 예측 스트로크 기능**
☞ **텍스트 추가, 내보내기(공유)**

교실에서 학생들과 수업을 한 후, 그림을 모아 소량 굿즈 제작 사이트에서 스티커를 제작해 선물하였더니 반응이 좋았습니다. 학생들이 그린 디지털 그림이 실물 굿즈로 제작되어 나오는 경험을 꼭 해보길 추천합니다.

아래 튜토리얼을 보면서 천천히 따라 그려보세요.

✦ 튜토리얼 ✦

1. 새 스케치(2400*2400)-가운데 고리 모양을 활성화하면 가로세로 치수를 일정하게 입력 가능
2. 선택 대칭 기능(좌우 대칭) 세팅하고 자물쇠 잠그기, 예측 스트로크 3~5 세팅
3. 동물의 얼굴과 귀의 위치를 잡기 위해 기본 연필 브러시와 연한 색 선택 후 아래쪽에 글씨가 들어갈 공간 생각해서 위쪽으로 얼굴 윤곽 모양과 귀 윤곽 모양 잡기
4. 더블팩에서 기본 브러시-테크니컬 펜, 색상 검정 선택
5. 밑그림 레이어 위로 새 레이어 추가
6. 테크니컬 펜 두께 10~15 선택-윤곽선 그리기(동물 얼굴과 귀)
7. 테크니컬 펜 두께 6~8 선택-얼굴 안쪽 그리기(속귀, 눈, 코, 입, 볼터치)
8. 색칠용 새 레이어 추가 후 선 레이어 아래로 내리기
   (레이어 창에서 꾹 누르면 위아래 위치 변경 가능)
9. 채우기 선택-모든 도면층 샘플링 켜기
   (필요 없는 레이어는 모두 눈을 꺼둬야 영향을 받지 않음)
10. 색 팔레트 이용해서 원하는 색 선택 후 색상 채우기(다양성 색 팔레트 이용)
11. 텍스트 추가-간단한 응원 문구 쓰고, 폰트, 색상, 크기 및 위치 조절 후 종료
    *심화: 레이어의 자물쇠 채우고, 텍스트 위로 무늬 그려 넣기
12. 배경용 새 레이어 추가-꾹 눌러서 맨 아래로 위치 이동하기
13. 채우기 선택-한 개 도면층 샘플링 켜기-원하는 색 채우기
    *심화: 색 조정-레이어 선택 후 HSL로 조정 가능
14. 주 메뉴-공유-PNG 이미지 파일로 내보내기
15. 응용해서 여러 동물 모양 캐릭터 그려보기

활동 2 · 대칭 기능을 활용한 디지털 드로잉
교실 환경 꾸미기를 도와줄 원형 리스

교실 환경 꾸미기에 도움이 되는 원형 리스를 그려보겠습니다. 학습 결과물을 게시한 뒤 학생들이 그린 원형 리스를 활용해 주제 타이틀을 만들어 붙여도 좋습니다.

방사 대칭 기능을 활용해서 쉽게 원형 리스를 만들 수 있습니다. 기능을 익힌 뒤, 다양한 모양의 원형 리스를 만들며 연습해 보세요.

👉 **방사 대칭 기능, 투명 배경 저장하기**

아래 튜토리얼을 보면서 천천히 따라 그려보세요.

✦ 튜토리얼 ✦

1. 새 스케치(2400*2400) 열기
2. 대칭 기능(방사 대칭-단면 8개, 중심선에서 스트로크 연장) 세팅 후 잠금
   예측 스트로크 1~3 세팅
3. 브러시-예술 탭- 9B 연필 선택-브러시 두께 6~8, 연한 색 선택
4. 가이드 툴-타원 선택-위쪽 크기 조절 원 두 번 탭해서 정원 만들기, 왼쪽 크기 조절 탭해서 적당한 원 크기로 조절 후 윤곽선 따라 원형 리스의 가이드 선 그리기
5. 가이드 선 위에 새 레이어 추가
6. 다양성 팔레트에서 원하는 색상 선택해서 하트 그리기. 6개의 단면에 잘 그려지는지 확인하기
7. 색상과 크기의 변형을 주며 하트 그리기. 레이어를 아래에 추가해서 하트 보충하기
8. 캔버스를 축소하여 전체적인 모습 확인하고, 비어 보이거나 균형이 안 맞는 곳에 작은 점을 찍어 마무리하기

9. 가이드 선을 그렸던 레이어는 눈을 꺼두거나 삭제하기
10. 가장 아래에 있는 배경 레이어의 눈을 꺼서 배경 투명하게 만들기
11. 주메뉴-공유-PNG 이미지 파일로 내보내기
12. PPT에서 이미지 불러와서 학급 환경 자료로 만들어 사용하기
   (제목 타이틀, 번호표, 이름표, 미술 작품 전시 타이틀, 수업 결과물 타이틀 등)
13. 응용해서 여러 모양의 원형 리스 그려보기

활동3 대칭 기능을 활용한 디지털 드로잉
트레이싱 기법을 활용한 디지털 드로잉

트레이싱 기법을 활용한 디지털 드로잉을 익혀볼까요? 트레이싱이란 그림을 연습하기 위해 원본 그림을 밑에 깔아놓고 따라서 그리는 기법을 말합니다. 우리는 사진을 아래에 놓고 따라 그리는 방법으로 간단한 라인 드로잉을 해보겠습니다.

👉 **예측 스트로크, 사진 삽입, 레이어 투명도 조절, 라인 따기, 색상 뽑기 등**

라인 드로잉은 선을 깔끔하게 따는 연습이 필요하므로 처음에는 선이 고르지 않을 수 있지만, 반복해서 연습하다 보면 점점 익숙해질 것입니다.

아래 튜토리얼을 보면서 천천히 따라 그려보세요.

✦ 튜토리얼 ✦

1. 상반신이 나오도록 셀카 찍기(정수리가 잘리지 않도록 주의하기)
2. 새 스케치(2400*2400)
3. 이미지 가져오기 클릭-산그림 아이콘 클릭-내 사진 가져오기-화면에 적절한 크기로 배치-종료
4. 사진 레이어 선택-불투명도 조절(30 정도)-가장 아래로 레이어 순서 바꾸기
5. 테크니컬 펜 두께 8~10, 예측 스트로크 1~3 세팅
6. 귀가 있는 부분부터 턱선까지 한 선으로 따기-얼굴 선 따고, 귀 그리기
7. 헤어라인 가운데를 잡고 한 선으로 따기-머리 위부터 따고, 앞머리 단순화해서 따기
8. 상반신까지 모두 라인 단순화해서 따기-사이사이 사진 레이어의 눈을 끄면서 어떻게 그려졌는지 확인하기
9. 펜 두께 조절해가며 눈, 코, 입 단순화해서 그리기
10. 선 레이어 아래 색 레이어 추가-레이어 추가 후 아래로 내리기-색 선택 시 스포이드 기능 활용 가능-채우기 기능 이용 색 채우기-모든 도면층 샘플링 켜기(사진 레이어 눈 끄기)
    *심화: 색 레이어 위에 새 레이어 추가-브러시-파스텔-거친 입자 또는 슈퍼 거친 입자(20~30사이), 볼 터치 그리고 불투명도 조절, 새 레이어 추가해서 하이라이트 및 음영 넣기

11. 맨 아래에 새 레이어 추가-배경 색 넣기(채우기 기능-한 도면층 샘플링)

12. 배경 레이어에 반짝임 추가-브러시-글로우-글로우 브러시(흰색)

13. 맨 위에 새 레이어 추가-브러시-글로우-글로우 십자로 반짝임 추가

14. 다양한 사진으로 연습해보기

　　*모든 드로잉 과정에서 레이어를 제대로 선택하고 그리고 있는지 수시로 확인하기

대칭 기능을 활용한 디지털 드로잉

라인 드로잉의 기본 방법을 익혔다면 다른 교과 수업에서도 다양하게 활용할 수 있는데요. 책 표지 사진을 찍어서 따라 그리고 독서감상문 쓰기처럼 국어 수업과 융합하여 활용할 수 있습니다.

위 작품은 3학년 학생들이 자신이 읽은 책 중 한 권을 골라 따라 그리고 그림 파일로 저장하여 출력한 뒤 독서감상문을 써서 전시한 모습입니다.

서로의 작품을 감상하며 인정하고 칭찬해주는 모습을 볼 수 있었습니다.

반 고흐의 작품을 감상하고
반 고흐의 자화상을 직선만 사용하여 따라 그리기

바다 거북과 관련한 환경 교육을 진행하고,
바다 거북 따라 그리기

그 밖에도 명화를 감상하고 명화를 따라 그리는 활동을 하거나, 과학 수업에서 식물이나 동물 사진을 준비해 세밀하게 따라 그리는 활동도 할 수 있습니다. 사회 수업이라면 역사적 인물이나 문화유산 등을 따라 그려볼 수 있겠지요?

그리고 이렇게 학생들이 그린 결과물들은 그림 파일로 저장하여 출력해서 다양한 학습 결과물로 만들 수도 있고, 패들렛이나 띵커벨과 같은 보드에 올리도록 하여 서로의 작품을 감상하는 기회를 제공할 수도 있습니다.

지금까지 디지털 드로잉 활동을 알아보았습니다. 2~3주 정도에 걸쳐 천천히 디지털 드로잉 수업을 진행하면 이후 미술 수업뿐 아니라 타 교과와의 융합 수업에서도 아주 유용하게 활용할 수 있습니다.

질문이 있는
감상 수업 만들기

미술 수업에서 감상 수업은 학생들의 전인적 발달과 예술적 소양을 함양하는 데 중요한 역할을 합니다. 학생들이 다양한 작품을 분석하고 이해하는 과정을 통해 논리적이고 비판적인 사고력을 기를 수 있으며, 작품의 의미를 해석하고 작가의 의도를 파악하는 과정에서 창의적인 문제 해결 능력을 발달시킬 수 있습니다. 작품을 분석하기 위해 작품의 조형 요소, 구성 원리 등을 학습함으로써 예술적 소양도 기를 수 있습니다.

작품을 감상하면서 학생들은 자신만의 해석을 제시하고, 자신이 느끼는 감정을 자유롭게 표현하게 됩니다. 다양한 작품을 통해 다른 사람의 감정과 경험을 이해하고 공감하는 능력을 기를 수 있으며, 다양한 시각에서 작품을 바라보면서 미술 문화의 다원적 가치를 존중하는 삶의 자세를 기를 수 있습니다.

또한 작품의 배경, 내용, 표현 방식 등을 상상하면서 창의력과 상상력을 자연스럽게 키울 수 있으며, 학생의 발달 수준에 적합한 다양한 시대와 문화의 작품을 감상하면서 그 시대와 문화의 특징을 이해하게 됩니다. 작품이 제작된 역사적 배경을 학습함으로써 역사적 사건이나 사회적 변화에 대한 이해가 깊어지고 작품을 맥락 속에서 이해할 수 있게 됩니다.

학생들은 다양한 예술 작품을 접하면서 미적 경험을 쌓고, 아름다움을 느끼고 즐기는 심미적 감수성을 함양시키며, 감상에 흥미를 높이고 작품을 보는 관점을 기를 수 있습니다.

이처럼 미술 감상 수업은 역사, 사회, 국어, 과학 등 다양한 교과와 융합되면서 학생들이 미술 작품을 단순히 감상하는 것을 넘어, 다양한 사고와 감정을 탐구하고, 이를 통해 전인적 발달을 이루는 데 중요한 역할을 합니다.

하지만 실제 학교 수업에서 감상 수업까지 매 차시 진행하기에는 현실적으로 어려운 점이 많습니다. 따라서 이번 시간에는 감상 수업을 쉽게 적용할 수 있는 '질문이 있는 감상 수업 만들기'를 준비해 보았습니다. 미술 작품을 자세히 보고 자신의 느낌과 생각을 바탕으로 질문을 만들어 상호작용하는 데 중점을 두고, 이러한 질문의 과정을 통해 학생들이 감상에 흥미를 느끼고 감상 관점을 기르도록 하는 데 목적이 있습니다.

감상 질문의 종류 알아보기

학생들이 감상 질문을 만들기 위해서 먼저 감상 질문의 종류를 안내하고, 예시 질문을 보며 어떻게 질문을 만들어야 하는지에 대해 수업하는 시간이 필요합니다.

먼저 감상 질문의 종류를 알아보겠습니다. 감상 질문의 종류에는 재료와 용구, 조형 요소나 조형 원리, 표현 방법 등에 관해 묻는 형식 질문, 작품의 소재나 주제, 작품의 내용이나 분위기, 작품의 배경, 작가, 작품의 시대적·지역적 배경, 작품 속 인물(식물, 동물, 사물 등)에 관해 묻는 내용 질문, 작품을 보고 든 느낌이나 생각에 관해 묻는 생각이나 느낌 질문, 작품을 보고 떠오른 경험이나 작가 또는 작품, 나의 마음에 든 부분이나 인상적인 부분, 궁금한 점 등에 관해 묻는 나의 삶과 관련된 질문 등이 있습니다. 처음부터 질문을 만들기는 어려울 수 있으므로, 감상 질문의 종류별로 예시를 함께 살펴보는 것이 도움이 됩니다. 또 질문을 만들 때 중심이 되는 질문을 하고, 왜 그렇게 생각했는지 이유를 묻거나 좀 더 자세히 답변을 들을 수 있는 추가 질문을 붙여줘야 질문에 답을 하는 학생들도 좀 더 생각해서 구체적으로 답을 할 수 있음을 사전에 지도하는 것이 좋습니다.

그럼 감상 질문의 종류별로 예시를 몇 가지 살펴보겠습니다.

◆ 형식 질문 ◆

재료와 용구, 조형 요소나 조형 원리, 표현 방법 등에 관한 질문

- 이 작품에서 어떤 색을 많이 사용했나요? 그 색이 주는 느낌은 어떤가요?
- 이 작품에서 가장 먼저 보이는 색은 무엇인가요? 왜 그 색이 가장 먼저 보였나요? 그 색이 주는 느낌은 어떤가요?
- 이 작품에서 보이는 색이 주는 느낌은 어떤가요?
- 이 작품에서 보이는 것들을 써 보세요.(0가지 조건을 달아도 좋음)
- 이 작품은 무엇을 표현한 작품일까요?
- 이 작품은 어떤 재료, 용구를 사용하여 표현했을까요?
- 이 작품에 쓰인 재료나 용구는 작품에 어떤 느낌을 잘 살려주고 있나요?
- 이 작품에서 찾을 수 있는 선이나 형은 무엇인가요?(곧은 선, 구불구불한 선, 거친 선, 얇은 선, 점, 사각형, 삼각형, 원 등) 그것이 주는 느낌은 어떤가요?
- 이 작품에서 찾을 수 있는 조형 원리는 어떤 것이 있나요? 어떤 부분에서 그런 조형 원리가 쓰였다고 생각하나요?
- 이 작품과 비슷한 조형 원리가 쓰인 작품을 알고 있다면 써 보세요.
- 이 작품에서 독특하게 사용된 표현 방법은 무엇인가요?
- 이 작품을 만져볼 수 있다면 어떤 촉감이 느껴질 것 같은가요?

✦ 내용 질문 ✦

**작품의 소재나 주제, 작품의 내용이나 분위기, 작품의 배경, 작가,
작품의 시대적·지역적 배경, 작품 속 인물(식물, 동물, 사물 등)에 관한 질문 등**

- 이 작품 속 주인공은 누구일까요? 왜 그렇게 생각했나요?
- 이 작품 속 주인공은 어디에 있을까요? 왜 그렇게 생각했나요?
- 이 작품 속 주인공의 기분은 어때 보이나요? 왜 그렇게 생각했나요?
- 이 작품 속 인물의 마음은 어떨까요? 왜 그렇게 생각했나요?
- 이 작품 속 상황은 어떤 상황일까요? 무엇을 하고 있을까요?
- 이 작품 속 주인공에게 어떤 일이 있었을까요? 왜 그렇게 생각했나요?
- 이 작품 속 인물이나 사물들은 어떤 역할을 하고 있을까요? 왜 그렇게 생각했나요?
- 이 작품 속 주인공들이 말을 한다면 무슨 얘기를 하고 있을까요?
- 이 작품을 보고 간단한 이야기를 꾸며보세요.
- 이 작품의 분위기는 어떤가요? 왜 그렇게 느꼈나요?
- 이 작품의 주제는 무엇일까요? 무엇을 보고 그렇게 생각했나요?
- 이 작품의 작가는 누구인가요? 이 작가의 다른 작품들과 비교했을 때 이 작품은 어떤 특징이 있나요?
- 작가가 이 작품을 그리거나 만든 이유는 무엇일까요?
- 작가는 이 작품을 그리거나 만들면서 어떤 마음이 들었을까요? 왜 그렇게 생각했나요?
- 작가는 이 작품의 제목을 왜 이렇게 지었을까요?
- 전시회의 전체적인 분위기는 어떤가요? 그런 분위기를 느낀 이유는 무엇인가요?

✦ 생각이나 느낌 질문 ✦

작품을 보고 든 느낌이나 생각에 관한 질문

- 작품을 처음 보았을 때 어떤 느낌이나 생각이 들었나요?
- 이 작품에서 가장 마음에 드는 부분은 어디인가요? 왜 그렇게 생각했나요?
- 이 작품에서 가장 인상적으로 표현된 부분은 어디인가요? 왜 그렇게 생각했나요?
- 이 작품을 보았을 때 제일 먼저 눈에 들어오는 부분은 어디인가요?
  그 부분이 주는 느낌은 어떤가요?
- 이 작품을 보고 떠오른 소리나 냄새가 있나요? 어떤 부분 때문에 그런 생각이 떠올랐나요?
- 이 작품을 보고 떠오르는 음악이 있나요? 어떤 부분 때문에 그런 생각이 떠올랐나요?
- 이 작품을 보고 떠오른 장소가 있나요? 어떤 부분 때문에 그런 생각이 떠올랐나요?
- 100년 후의 사람들이 이 작품을 발견한다면 어떻게 해석할까요?
- 내가 어른이 되었을 때 이 작품을 다시 본다면 어떤 생각이 들까요?
- 가장 마음에 드는 작품은 무엇인가요? 왜 그 작품이 가장 마음에 들었나요?

✦ 나의 삶과 관련된 질문 ✦

작품을 보고 떠오른 경험이나 작가 또는 작품, 나의 마음에 든 부분이나 인상적인 부분, 궁금한 점 등에 관한 질문

- 만약 내가 작품 속 주인공이라면 어떤 생각(어떤 말)을 하고 있을까요?
- 이 작품을 선물한다면 누구에게 선물하고 싶은가요? 왜 그 사람에게 선물하고 싶은가요?
- 집에 돌아가서 밤에 자기 전 생각이 날 것 같은 작품은 무엇인가요? 왜 그렇게 생각했나요?
- 작가에게 이 작품에 대해 궁금한 점을 물어본다면 무엇을 물어보고 싶은가요?
- 작가에게 하고 싶은 말이 있나요?
- 이 작품에서 내가 바꿔보고 싶은 부분이 있다면 어디를 어떻게 바꿔보고 싶은가요?
- 작품의 제목을 새로 지어보세요.
- 이 작품을 우리 집에 걸어둔다면 어디에 걸어두고 싶은가요?
- 이 작품을 우리 학교에 걸어둔다면 어디에 걸어두고 싶은가요?
- 우리 집 거실에 걸어두고 싶은 작품이 있다면 무엇인가요?
- 이 작품을 보고 생각나는 사람이 있나요?
- 이 작품을 미술관에 걸어두고 사람들에게 소개한다면 어떻게 소개하고 싶은가요?
- 내가 이 작품 속으로 들어갈 수 있다면 어느 부분에 가고 싶으며, 그 이유는 무엇인가요?

예시를 참고하여 조금씩 변형하거나 응용하여 새로운 질문을 만들어 낼 수 있도록 이끌어 주면 됩니다.

활동 1. 단계별 감상 질문 활동하기
대표 감상 질문하기

　대표 감상 질문하기 활동은 학생들이 작품을 보며 질문을 생각하고 대답을 하며 상호작용하기에 앞서 교사의 대표 감상 질문 활동을 먼저 하며 활동의 흐름을 미리 익혀보도록 하는데 의의가 있습니다.

　미술 교육과정에서 감상 작품은 학생들의 발달 수준을 고려하여 선정하고, 전시와 문화 행사, 온라인 미술관 작품 감상 등을 통해 미술을 생활화할 수 있도록 제시하고 있습니다. 또한 우리나라의 전통 미술과 현대 미술을 포함하여 다양한 시대의 미술 작품과 다양한 문화의 미술 작품을 비교하며 관점의 다양성을 경험하도록 하고 있습니다.

　학생들이 감상에 흥미를 느낄 수 있도록 처음에는 미술 시간에 자신이 표현한 작품을 가지고 감상 활동을 시작하는 것을 추천합니다. 미술 수업 시간만으로는 활동 시간이 부족할 수 있으므로 국어 교과와 융합하여 활동해 봅니다. 자신의 생각과 느낌을 글이나 말로 표현하는 활동이기 때문에 국어 교과와 제일 잘 융합할 수 있는 수업입니다.

　자신과 친구들이 만든 작품을 활용해 감상하는 수업이기 때문에 친구들이 자신의 작품을 감상할 때 도움이 되는 작품 설명 라벨을 만들어서 붙여주면 좋습니다. 활동지 중 감상 활동지 파일에서 작품 설명 라벨을 활용해 보세요. 2가지 양식이 있으니, 상황에 맞게 활용하면 됩니다.

　작품 설명 라벨까지 만들면 학생들이 책상 위에 자신의 작품과 설명 라벨을 놓도록 합니다. 학생들에게 자료에 있는 감상 활동지 1을 나눠준 뒤 교실을 돌아다니며 질문에 답을 달아보도록 합니다. 이때 소외되는 아이들이 없도록 7개의 질문 중 3~4개는 꼭 필수로 감상해야 하는 친구들을 정해줍니다. 예를 들면 같은 모둠의 친구들이라던지, 나와 같은 줄에 앉은 친구들 등으로 정해주고, 남은 질문들은 감상하고 싶은 작품을 골라 답을 쓰도록 합니다. 그리고 7개의 질문은 모두 다른 작품을 감상하고 쓸 수 있도록 합니다.

　또한 활동지 1은 대표 감상 질문 활동을 위해 질문이 미리 정해진 것과 학생들이 활동 방법을 익힌 후 직접 질문을 만들어서 적용할 수 있도록 질문이 비워진 것이 있으므로 적절하게 활용하면 됩니다.

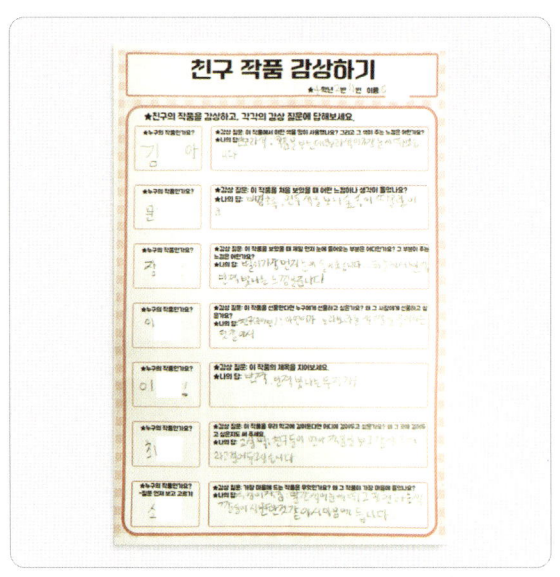

1 작품 감상하고 질문에 답하기

학생들의 책상 위에 자신의 작품과 설명 라벨을 놓은 뒤, 감상 활동지 1을 들고 교실을 천천히 돌아다니며 친구들의 작품을 자세히 보며 질문에 답을 답니다. 이때 나중에 마음에 와닿는 대답으로 뽑힐 수 있도록 구체적인 이유를 들어 자세하게 쓰는 것이 좋다고 안내하여 감상 대답을 쓰는 길잡이를 제시합니다.

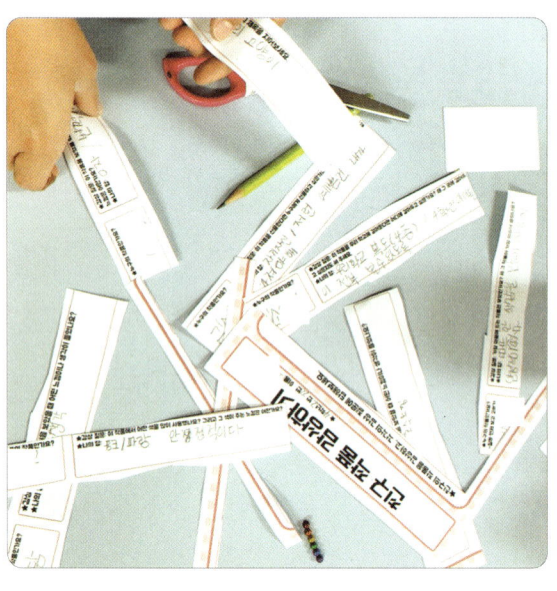

2 질문지 자르기

일정 시간이 지난 뒤, 감상 활동지의 답을 모두 적으면 자리로 돌아와서 7개의 질문지를 각각 자른 뒤, 감상 작품의 주인에게 전해줍니다.

3 질문지 비교하며 살펴보기

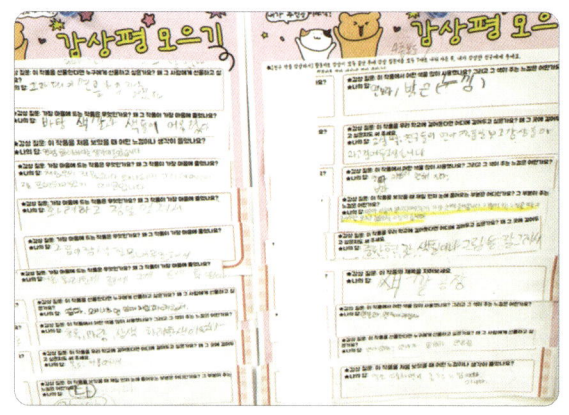

친구들에게 받은 감상 질문지를 활동지 2에 모아서 붙이며 친구들의 생각은 어떤지 나와 비교하며 찬찬히 살펴봅니다.

4 마음에 와닿는 대답 발표하기

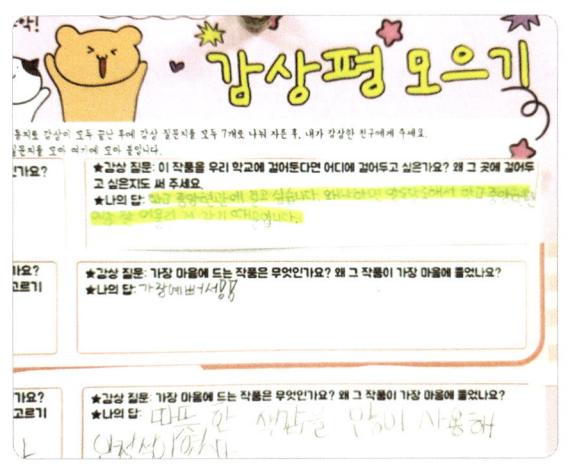
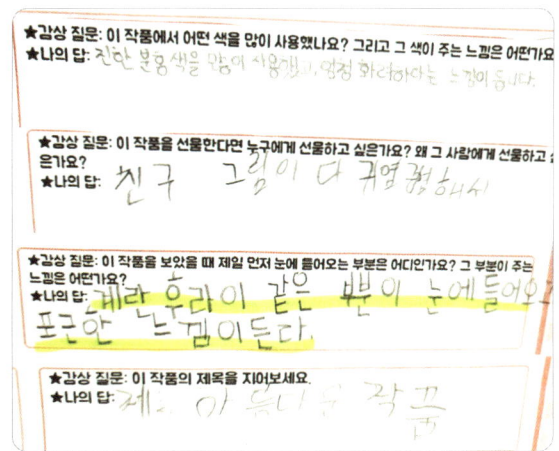

가장 마음에 와닿는 대답 한 가지를 골라 형광펜으로 체크한 뒤, 발표하는 시간을 갖습니다.

5 마음에 와닿는 대답 살펴보기

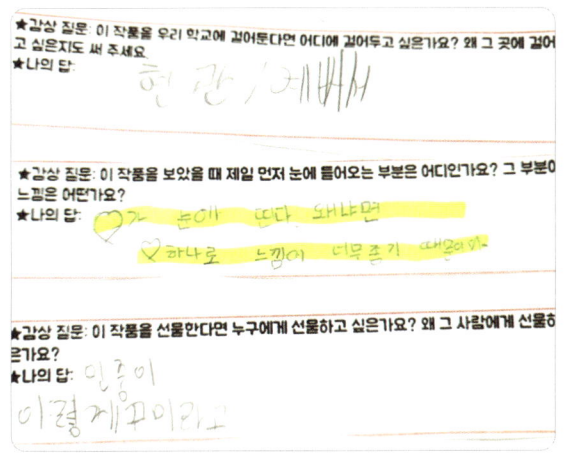
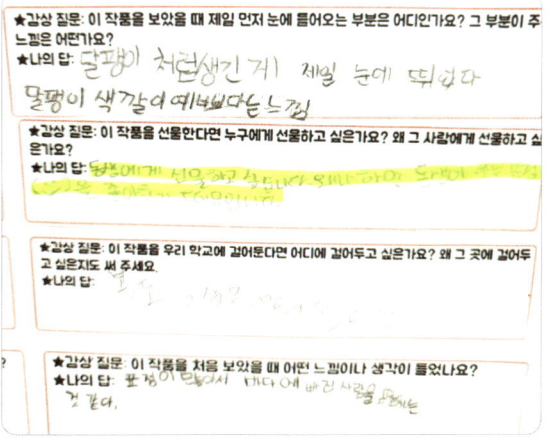
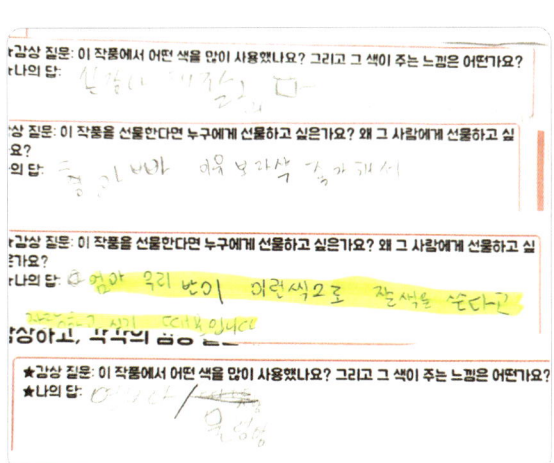
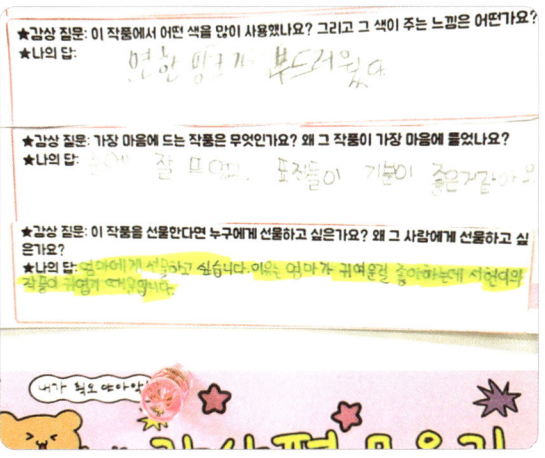

어떤 대답들이 뽑혔는지 전체적으로 볼 수 있도록 칠판에 붙여두면 학생들이 다음에는 어떻게 해야 하는지 구체적으로 생각할 수 있는 기회가 됩니다.

291

활동 2 단계별 감상 질문 활동하기
짝 또는 모둠 감상 질문 활동하기

대표 감상 질문 활동을 통해 교사가 전체적으로 질문을 주고 활동을 했다면, 이번에는 학생들이 소그룹 또는 짝과 함께 서로의 작품을 감상하며 질문 예시를 참고해 서로 묻고 답하는 활동으로 발전시킬 수 있습니다.

이 활동은 별도의 활동지 없이 자유롭게 질문하고 대답하는 시간을 주면 되는데, 감상하는 방법을 배우고 난 후라면 평소 미술 활동 시간에 일찍 끝난 친구들끼리 모여 질문을 하며 감상 활동을 하도록 활용할 수 있습니다.

1 활동지 고르기

탕후루 활동지를 활용할 수 있습니다. 학생들이 흥미로워하는 소재를 활동지로 만들어서 더욱 관심을 가지고 감상 활동에 참여할 수 있도록 합니다.

② 활동지를 자른 후 딸기 붙이기

탕후루 감상 활동지의 그림들을 모두 자른 후, 딸기를 반으로 접어서 막대 위에 아래쪽부터 붙입니다.

③ 막대에 딸기가 겹치도록 붙이기

이때, 딸기는 윗부분만 살짝 겹치도록 붙입니다.

④ 질문에 답변 작성한 후 읽어보기

종이컵 부분에는 감상 질문을 만들어서 적은 후, 모둠 친구들과 서로의 탕후루 감상 활동지를 돌려가며 친구의 질문에 대한 답을 딸기 안쪽에 적습니다. 답변이 모두 채워지면 친구들의 감상 답변을 읽어보며 활동을 마무리합니다.

활동 3 단계별 감상 질문 활동하기
전체 감상 질문 활동하기

대표 감상 질문 활동과 짝이나 모둠별 감상 질문 활동을 통해 질문을 만들고 감상하는 방법을 익혔다면 이제 전체 학생들이 질문을 만들고 감상하는 활동을 해봅니다.

먼저 포스트잇과 스탠딩 클립보드를 활용하는 방법입니다. 학생들은 내가 완성한 작품과 관련한 질문 1개를 만듭니다. 작품 설명 라벨도 만들어 둡니다. 친구들에게 묻고 싶은 질문 1개를 포스트잇에 잘 보이도록 쓰고, 뒷면에는 본인이 생각하는 질문의 답을 미리 써둡니다.

스탠딩 클립보드를 준비해서 위쪽에 내가 쓴 질문지를 붙이고, 아래쪽에 5~6장의 빈 포스트잇을 붙여서 내 작품 옆에 세워둡니다.

화이트보드 기능이 있는 클립보드라면 포스트잇 없이 보드판 위에 바로 질문을 쓰고 답을 적도록 해도 좋습니다. 내가 생각한 답은 다른 곳에 따로 적어둡니다.

질문지가 모두 완성되면 정해진 시간 동안 교실을 돌아다니며 친구들의 작품을 자세히 관찰하며 질문에 답을 달아보도록 합니다. 교사는 포스트잇이 비어 있는 친구들이 없도록 살피며 골고루 감상 질문의 답을 적을 수 있게 활동 시간 내내 피드백 합니다.

어느 정도 활동이 마무리되면 자기 자리로 돌아와서 내가 생각했던 답과 친구들의 대답을 비교해보며 나와 친구의 생각이 같거나 다름을 이해하고 존중하는 자세를 기를 수 있습니다.

포스트잇과 스탠딩 클립보드를 활용한
질문이 있는 감상 수업

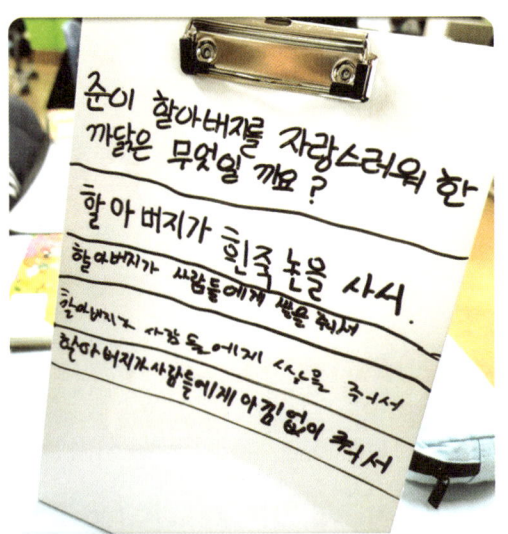

화이트보드 기능이 있다면 클립보드에
바로 질문을 쓰고 답을 달도록 지도

질문에 대한 답변을 학급 전체 또는 모둠별로 발표하며 이야기를 공유하는 시간도 의미가 있기 때문에 발표까지 해보면 좋습니다. 전체적으로 발표를 할 때는 가장 마음에 와닿는 답변 한 가지와 자신의 생각을 비교해서 발표하면 수업 시간을 효율적으로 쓸 수 있습니다.

스탠딩 클립보드가 없다면 책상 위에 바로 포스트잇을 붙여 활동해도 됩니다. 친구들의 작품을 감상해보는 활동 자체에 의미가 있으니까요.

클립보드 대신 완성한 작품 옆에 포스트잇 붙이기

 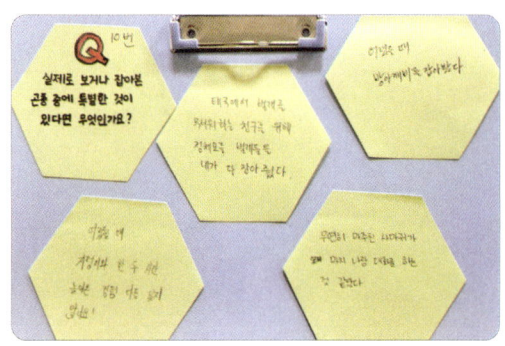

위 예시처럼 친구들의 작품을 모아 벽면에 게시하여 전시회처럼 꾸미고 관람하며 감상 질문 활동을 할 수도 있습니다. 미리 자신이 어떤 작품을 표현할지 주제를 정하고 표현 계획을 세워 작품을 완성한 뒤, 2~3 그룹으로 나눠 정해진 구역에 게시하고 전시회의 제목도 지어서 달아보도록 합니다.

그룹을 바꿔 서로의 전시회를 감상하며 감상 질문 활동을 할 수 있겠죠? 5, 6학년 미술 수업으로 추천하는 활동입니다. 학급 내에서 작은 전시회 활동을 하는 것은 학생들이 그동안 자신이 배운 여러 미술 표현 방법들을 활용해 자기 주도적으로 활동을 계획하고 나아가 공동체 문화 활동에 참여해 보는 작은 경험이 될 것입니다.

이번 시간에는 감상 활동을 보다 쉽게 적용할 수 있는 질문이 있는 감상 활동 방법에 대해 알아보았습니다. 자신이 만든 작품으로 감상 활동을 시작하여 감상 방법에 대한 흐름을 익히고 익숙해지면, 동·서양 미술 작가들의 다양한 작품을 감상하는 활동으로 발전시켜보세요.

픽미쌤의 초등 미술 활동

2025년 3월 초판 1쇄

지은이 픽미쌤(조민희)

총괄 김진희
디자인 강소연
펴낸곳 (주)넷마루

주소 08377 서울시 구로구 디지털로33길 48 대륭포스트타워7차 20층
전화 02-597-2342 **이메일** contents@netmaru.net
출판등록 제 25100-2018-000009호

ISBN 979-11-93752-08-1 (03370)

Copyright © netmaru, 2025
이 책의 저작권법에 따라 보호를 받는 저작물이므로 무단 복제 및 무단 전재를 금지합니다.

책값은 뒤표지에 있습니다. 잘못 만들어진 책은 구입한 곳에서 바꿔 드립니다.